Comentários ao Estatuto e ao Regulamento da Polícia Civil do Estado do Rio de Janeiro

Edézio Ramos • Geraldo Neto

Comentários ao Estatuto e ao Regulamento da Polícia Civil do Estado do Rio de Janeiro

- Decreto-Lei Estadual 218/75
- Decreto Estadual 3.044/80
- Análise da Lei 3.586/01 atualizada

Freitas Bastos Editora

Copyright © 2019 by Edézio Ramos e Geraldo Neto
Todos os direitos reservados e protegidos pela Lei 9.610, de 19.2.1998.
É proibida a reprodução total ou parcial, por quaisquer meios,
bem como a produção de apostilas, sem autorização prévia,
por escrito, da Editora.

Direitos exclusivos da edição e distribuição em língua portuguesa:
Maria Augusta Delgado Livraria, Distribuidora e Editora

Editor: *Isaac D. Abulafia*
Capa e Diagramação: *Jair Domingos de Sousa*

DADOS INTERNACIONAIS PARA CATALOGAÇÃO
NA PUBLICAÇÃO (CIP)

R175c

Ramos, Edézio
Comentários ao Estatuto e ao Regulamento da Polícia Civil do Estado do Rio de Janeiro / Edézio Ramos, Geraldo Neto. – Rio de Janeiro: Freitas Bastos, 2019.

180 p. – 23 cm

Inclui anexo.
ISBN: 978-85-7987-360-7

1. Direito administrativo. 2. Estatuto. 3. Regulamento. 4. Polícia Civil do Estado do Rio de Janeiro. I. Geraldo Neto. II. Título.

                    2019-1412   CDD 342   CDU 342

Freitas Bastos Editora

Tel. (21) 2276-4500
freitasbastos@freitasbastos.com
vendas@freitasbastos.com
www.freitasbastos.com

APRESENTAÇÃO

Após longos anos lecionando e vivenciando momentos únicos em sala de aula, nós autores, buscando colmatar essa lacuna deixada pela ausência de uma obra especializada para os que buscam um lugar ao sol, realizando o sonho de ingressar aos quadros da Gloriosa Polícia Civil, desenvolvemos essa obra para dinamizar a aprendizagem dos nossos alunos e tornar viável esse sonho.

Noutro lado, dentro dos quadros da polícia civil, onde por vezes desenvolvemos as funções de Agente de Pessoal – Recursos Humanos – também detectamos essa carência, onde os servidores que a integram vez ou outra se veem perdidos em meio a esse emaranhado de legislações, carecedoras de interpretações sistemáticas à luz da Constituição Federal, que ora se complementam, ora se contradizem.

Diferenciado é o intuito dessa obra que não busca esgotar as vias doutrinárias ou se exime de tal dedicação deixando os diplomas legislativos soltos ao vento, e sem o merecido cuidado.

Situado na linha tênue entre estes extremos, buscamos neste cuidadoso trabalho estabelecer uma linha de raciocínio, um campo de diálogo aberto e intelectivo entre as diversas legislações que envolvem o regime estatutário dos servidores policiais civis do Estado do Rio de Janeiro, facilitando e orientando sua correta aplicação, sejam nas questões de Concursos Públicos, sejam nas trincheiras da atividade diária do Policial Civil Carioca.

Vamos lá! Juntos vamos embarcar nessa jornada de estudos e fazer com que o Estatuto dos Policiais do Estado do Rio de Janeiro, com auxílio dessa obra, não seja mais um obstáculo para os concurseiros e muito menos para os servidores na sua aplicação diária.

PREFÁCIO

É com grande orgulho que escrevo essas breves linhas, pois sempre acompanhei de perto as histórias destes dois grandes professores. As trajetórias deles os capacitaram a criar esta obra, que servirá de manual a todos aqueles que desejarem enveredar pela trilha dos direitos e deveres dos policiais civis do Estado do Rio de Janeiro. Tive a honra de frequentar a academia de polícia juntamente com Geraldo, inspetor de polícia civil e Edézio, delegado de polícia civil, ocasião em que aprendi a admirar o conhecimento que ambos têm do Direito Administrativo. Este livro não é surpresa, mas o resultado de tudo o que fizeram até aqui. A obra preenche uma lacuna que havia no mercado literário jurídico. Ela é sintética, mas está longe de ser superficial. Tem seu foco principal nas questões mais relevantes para aqueles que se dedicam sobre o estudo do Estatuto e seu regulamento, atualizando a interpretação de seus dispositivos frente à Constituição Federal. A objetividade dos apontamentos no livro torna a leitura simples e agradável, despertando no leitor a vontade de saber o que virá em seguida. Aos concurseiros creio que a obra será imprescindível a sua biblioteca e ao policial, servirá de manual de consulta, principalmente a quem preside ou responde a procedimentos administrativos no âmbito da Polícia Civil do Estado do Rio de Janeiro.

Marcos Felipe P. G. G. Motta
Delegado de Polícia

SUMÁRIO

ESTATUTO DOS POLICIAIS CIVIS DO ESTADO DO RIO DE JANEIRO 1

Título I – DAS DISPOSIÇÕES PRELIMINARES..................................1
Capítulo I – DO INGRESSO...2
Capítulo II – DO CARGO E DA FUNÇÃO... 11
Título II – Capítulo Único – DO CÓDIGO DE ÉTICA POLICIAL . 13
Título III – DA VIOLAÇÃO DAS OBRIGAÇÕES............................. 14
Capítulo I – DA RESPONSABILIDADE.. 14
Capítulo III – DAS PENAS DISCIPLINARES 19
Capítulo IV – DA APURAÇÃO DAS TRANSGRESSÕES DISCIPLINARES.. 28
Título IV – DOS DIREITOS E VANTAGENS 32
Capítulo I – DOS DIREITOS... 32
Capítulo II – DAS FÉRIAS 34
Título V – DAS DISPOSIÇÕES DIVERSAS 35
Capítulo I – DA APOSENTADORIA 35

REGULAMENTO DO ESTATUTO DOS POLICIAIS CIVIS DO ESTADO DO RIO DE JANEIRO 39

DECRETO Nº 3.044 DE 22 DE JANEIRO DE 1980........................... 39
Título I – DISPOSIÇÕES PRELIMINARES 40
Capítulo I – DO INGRESSO.. 40
Capítulo II – DO CARGO E DA FUNÇÃO 46
Título II
Capítulo Único – DO CÓDIGO DE ÉTICA POLICIAL 47
Título III – DA VIOLAÇÃO DAS OBRIGAÇÕES............................. 48
Capítulo I – DA RESPONSABILIDADE... 48

Capítulo II – DAS TRANSGRESSÕES DISCIPLINARES 49
Capítulo III – DAS PENAS DISCIPLINARES 52
Capítulo IV – DA APURAÇÃO DAS TRANSGRESSÕES
DISCIPLINARES 58
Título IV – DOS DIREITOS E VANTAGENS 60
Capítulo I – DAS DISPOSIÇÕES GERAIS 60
Capítulo II – DOS DIREITOS 62
Seção I – DAS FÉRIAS 62
Seção II – DAS LICENÇAS 64
Subseção I – DAS DISPOSIÇÕES EM GERAIS 64
Subseção II – LICENÇA PARA TRATAMENTO DE SAÚDE 68
Subseção III – LICENÇA POR MOTIVO DE DOENÇA
EM PESSOA DA FAMÍLIA 72
Subseção IV – LICENÇA PARA REPOUSO GESTANTE 72
Subseção V – LICENÇA PARA SERVIÇO MILITAR 73
Subseção VI – LICENÇA PARA ACOMPANHAR O CÔNJUGE 74
Subseção VII – LICENÇA A TÍTULO DE PRÊMIO 76
Subseção VIII – LICENÇA PARA DESEMPENHO DE
MANDATO LEGISLATIVO OU EXECUTIVO 79
Capítulo III – DAS VANTAGENS 80
Seção I – DISPOSIÇÕES GERAIS 80
Seção II – ADICIONAL POR TEMPO DE SERVIÇO 81
Seção III – GRATIFICAÇÕES 82
Subseção I – GRATIFICAÇÃO DE FUNÇÃO 82
Subseção II – DA GRATIFICAÇÃO PELO EXERCÍCIO
DE CARGO EM COMISSÃO 83
Subseção III – DA GRATIFICAÇÃO DE REPRESENTAÇÃO
DE GABINETE 84
Subseção IV – GRATIFICAÇÃO DE PARTICIPAÇÃO EM
ÓRGÃO DE DELIBERAÇÃO COLETIVA 85
Subseção V – GRATIFICAÇÃO DE PARTICIPAÇÃO EM BANCA
EXAMINADORA DE CONCURSO OU PROFESSOR
EM CURSO OFICIALMENTE INSTITUÍDO 86

Seção IV – DA AJUDA DE CUSTO E TRANSPORTE 87
Seção V – DAS DIÁRIAS 92
Título V – DAS CONCESSÕES 94
Capítulo I – DAS DISPOSIÇÕES GERAIS.. 94
Capítulo II – SALÁRIO-FAMÍLIA 96
Capítulo III – DO AUXÍLIO-DOENÇA... 100
Capítulo IV – DO AUXÍLIO-FUNERAL... 102
Capítulo V – DO AUXÍLIO-MORADIA.. 103
Capítulo VI – DA PENSÃO ESPECIAL.. 104
Capítulo VII – DO PRÊMIO POR SUGESTÕES DE
                 INTERESSE DA ADMINISTRAÇÃO 105
Título VI – DA PROMOÇÃO 106
Capítulo I – DAS DISPOSIÇÕES GERAIS.. 106
Capítulo II – DO QUADRO DE PROMOÇÃO................................... 109
Capítulo III – DA PROMOÇÃO POR ANTIGUIDADE 111
Capítulo IV – DA PROMOÇÃO POR MERECIMENTO................. 113
Capítulo V – DA PROMOÇÃO POR BRAVURA 122
Capítulo VI – DA PROMOÇÃO POST-MORTEM 123
Título VII – DA ASCENSÃO 123
Título VIII – DA TRANSFERÊNCIA E DA REMOÇÃO 126
Título IX – DO TEMPO DE SERVIÇO 129
Capítulo I – DISPOSIÇÕES GERAIS... 129
Capítulo II – DA APURAÇÃO.. 131
Título X – DA APOSENTADORIA 135
Título XI – DAS RECOMPENSAS 137
Título XII – DAS DISPOSIÇÕES TRANSITÓRIAS E FINAIS........ 138

LEI Nº 3586, DE 21 DE JUNHO DE 2001. 141
Titulo Único
Capítulo I – DAS CATEGORIAS FUNCIONAIS.................................. 141
Seção I – Do Grupo I – AUTORIDADE POLICIAL............................ 142

Seção II – Do Grupo II – AGENTES DE POLÍCIA ESTADUAL
   DE APOIO TÉCNICO-CIENTÍFICO 142
Seção III – Do Grupo III – AGENTES DE POLÍCIA ESTADUAL
DE INVESTIGAÇÃO E PREVENÇÃO CRIMINAIS 143
Capítulo II – DOS VENCIMENTOS E VANTAGENS 143
Seção I – DO VENCIMENTO 144
Seção II – DO ADICIONAL DE ATIVIDADE PERIGOSA 145
Seção III – DO ADICIONAL POR TEMPO DE SERVIÇO................ 145
Seção IV – DA GRATIFICAÇÃO DE HABILITAÇÃO
   PROFISSIONAL 145
Seção V – DA GRATIFICAÇÃO DE ATIVIDADE
   TÉCNICO-CIENTÍFICA DE NÍVEL SUPERIOR 145
Capítulo III – DO INGRESSO 146
Seção I – DO CONCURSO PÚBLICO 146
Seção II – DA ESCOLARIDADE 151
Capítulo IV – DA PROMOÇÃO 152
Seção I – DA OPORTUNIDADE E CRITÉRIOS 152
Seção II – DA VACÂNCIA E DA AGREGAÇÃO 152
Capítulo V – DA HABILITAÇÃO PROFISSIONAL 153
Capítulo VI – DAS DISPOSIÇÕES GERAIS,
   TRANSITÓRIAS E FINAIS 153

Anexo I – QUANTITATIVOS DE CARGOS 156
Anexo II – CATEGORIA FUNCIONAL 158
Anexo III – QUADRO DE PROMOÇÃO 160
Anexo IV – ESCALONAMENTO VERTICAL 162
Anexo V – CARGOS DO QUADRO PERMANENTE
   DA POLÍCIA CIVIL 164

Estatuto dos Policiais Civis do Estado do Rio de Janeiro

O GOVERNADOR DO ESTADO DO RIO DE JANEIRO, no uso das atribuições que lhe confere o § 1º do art. 2º da Lei Complementar nº 20, de 1º de julho de 1974.

*– De notar que em 15/03/1975, quatro meses antes, ocorreu a **unificação** dos Estados do Rio de Janeiro e da Guanabara (onde se situou, até 1960, o território do Distrito Federal).*

– De notar outro elemento interessantíssimo: a Lei Complementar nº 20/1974 é de origem nacional, e, além de regulamentar a fusão dos Estados do Rio de Janeiro e da Guanabara, permitiu a criação do Estado do Mato Grosso do Sul, em 1979.

DECRETA:

Título I
DAS DISPOSIÇÕES PRELIMINARES

Art. 1º – São policiais, abrangidos por este Decreto-Lei, os funcionários legalmente investidos em cargos do serviço policial.

Obs.: A Constituição Federal [de 1988] adota a nomenclatura Servidor Público, portanto quando o presente Estatuto mencionar a nomenclatura Funcionário Público, deverá entender-se como Servidor Público.

*– Nota: Antes de 1988, ou seja, desde a Primeira Constituição Republicana (1891), o termo utilizado era **funcionário público**, o que foi sendo repetido até 1988;*

– Daí o art. 327 do CP conceituar "funcionário público", e não servidor público ou agente público.

Parágrafo único – Para os efeitos deste Decreto-Lei, é considerado funcionário policial o ocupante do cargo em comissão ou função gratificada com atribuições e responsabilidades de natureza policial.

Obs.: Nesse parágrafo único, é notório o propósito do legislador em alçar a categoria de funcionário policial àquelas não policiais, servidores ou não, investidos em cargos de comissão. Estas pessoas pelo exercício irregular de suas funções respondem penal (art. 327 do CP), civil (Art. 37 § 6 da CF) e administrativamente, cabendo neste último caso, pena disciplinar específica na forma dos Artigos 46 inc. VI e 56 § 1º do Decreto Lei 220/75 – Destituição de função. Caso o ocupante de cargo em comissão também seja ocupante de cargo efetivo, embora não policial, aplica-se o artigo 297 do Decreto 2479/79.

*– Decreto 3.044/80 – **Art. 1º** – São policiais civis, abrangidos por este Decreto, os funcionários legalmente investidos em cargos de provimento efetivo do quadro do serviço policial civil.*

Parágrafo único *– Para os efeitos deste Decreto, é considerado policial o ocupante de cargo isolado de provimento em comissão ou função gratificada, com atribuições e responsabilidades de natureza policial.*

Capítulo I
DO INGRESSO

Art. 2º – A nomeação será feita:

I – em caráter efetivo, mediante concurso público;

Obs.: Artigo 37, II da CF/88 – a investidura em cargo ou emprego público depende de aprovação prévia em concurso público de provas ou de provas e títulos, de acordo com a natureza e a complexidade do cargo ou emprego, na forma prevista em lei, ressalvadas as nomeações para cargo em comissão declarado em lei de livre nomeação e exoneração;

II – em comissão.

*– Decreto 3.044/80 – **Art. 2º** – A nomeação será feita:*

I – em caráter efetivo, quando se tratar de cargo de classe inicial de série de classe;

II – em comissão, quando se tratar de cargo que em virtude de lei, assim deva ser provido;

- Decreto 2479/79 – Art. 38 *– A nomeação será feita:*

I – em caráter efetivo, quando se tratar de cargo de classe singular ou de cargo de classe inicial de série de classes;

II – em comissão, quando se tratar de cargo que, em virtude de lei, assim deva ser provido.

Art. 3º – São requisitos para o ingresso no cargo efetivo:

I – ser de nacionalidade brasileira;

II – ter no mínimo 18 (dezoito) anos completos e no máximo 35 (trinta e cinco) anos completos à data do encerramento das inscrições;

Obs.: Dispositivo que merece filtragem constitucional à luz da CF/88 e da jurisprudência superior, pois o **limite de idade para a inscrição em concurso público só se legitima em face do artigo 7 inciso XXX da CF/88 quando possa ser justificado pela natureza das atribuições do cargo a ser preenchido.**

– Sobre idade mínima: O estabelecimento de limite de idade para inscrição em concurso público apenas é legítimo quando justificado pela natureza das atribuições do cargo a ser preenchido. (Tese definida no ARE 678.112 RG, rel. min. Luiz Fux, P, j. 25-4-2013, DJE 93 de 17-5-2016, Tema 646).

– Enunciado nº 683 de Súmula do STF: "O limite de idade para a inscrição em concurso público só se legitima em face do art. 7º, XXX, da Constituição, quando possa ser justificado pela natureza das atribuições do cargo a ser preenchido".

*"****Art. 7º*** *São direitos dos trabalhadores urbanos e rurais, além de outros que visem à melhoria de sua condição social:*

XXX - proibição de diferença de salários, de exercício de funções e de critério de admissão por motivo de sexo, idade, cor ou estado civil".

III – estar em gozo dos direitos políticos;

IV – estar quite com as obrigações militares e eleitorais;

V – possuir condições sociais e familiares compatíveis com a função policial;

VI – gozar de boa saúde, comprovada em inspeção médica;

VII – possuir aptidão física e psíquica para o exercício da função policial;

VIII – ter sido habilitado e classificado, previamente, em concurso público de provas ou de provas e títulos, realizado pela Academia de Polícia.

§ 1º – Dependendo da natureza do cargo a ser provido, o limite máximo de idade previsto no inciso II deste artigo poderá ser reduzido para até 25 (vinte e cinco) anos completos.

Dec. 3044/80 - Art. 3º - *O ingresso nos cargos de provimento efetivo exige:*

I - nacionalidade brasileira;

II - idade-limite na forma estabelecida em lei;

III - gozo dos direitos políticos, comprovado através de documento fornecido pelas entidades públicas, responsáveis pelo controle desses direitos;

IV - certificado expedido por repartição militar competente e título eleitoral que comprovem, respectivamente, a quitação das obrigações militares e eleitorais;

V - condições sociais familiares compatíveis com a função policial, a serem apuradas mediante sindicância reservada;

VI - boa saúde, comprovada através de inspeção médica, realizada pelo Departamento de Perícias Médicas da Secretaria de Estado da Administração;

VII - aptidão física e psíquica para o exercício da função policial, apurada por profissionais capacitados;

VIII – habilitação prévia, em concurso público de provas ou de prova e títulos, realizada na Academia de Polícia;

IX – classificação do habilitado dentre o número de vagas existentes na classe inicial da série de classes.

§ 1º – Os exames e provas práticas, previstas no inciso VI e VII, terão caráter eliminatório e precederão à realização das provas mencionadas no inciso VIII.

§ 2º – Quando o número de inscritos for elevado, excepcionalmente os exames e provas práticas previstos nos incisos VI e VII poderão ser realizados a posteriori, somente para os aprovados, a critério do Secretário de Estado de Polícia Civil.

§ 3º – Além dos requisitos enunciados nos incisos I e IX deste artigo, será exigido dos candidatos a cargos policiais por ocasião da inscrição no concurso público, o seguinte grau de escolaridade:

a) Delegado de Polícia – diploma de bacharel em direito, devidamente registrado;

b) Escrivão de Polícia – certificado de segundo grau escolar ou equivalente;

c) Detetive – certificado de segundo grau escolar ou equivalente e carteira de habilitação de motorista profissional;

d) Perito Criminal – diploma de curso superior, devidamente registrado nos conselhos respectivos, nas especialidades inerentes ao cargo;

e) Perito Legista – diploma de médico, devidamente registrado no Conselho Regional de Medicina;

f) Piloto Policial – certificado de segundo grau escolar ou equivalente e carta de piloto comercial expedida pelo Departamento de Aviação Civil (DAC);

g) Papiloscopista – certificado de segundo grau escolar ou equivalente;

h) Técnico de Necropsia, Fotógrafo Policial, Inspetor de Salvamento – certificado de primeiro grau escolar ou equivalente;

i) Auxiliar Técnico de Comunicações de Segurança e Operador de Telecomunicações de Segurança – certificado de primeiro grau ou equivalente e habilitação técnica inerente ao cargo;

j) Motorista Policial – *conclusão da quarta série do primeiro grau escolar ou equivalente e habilitação técnica inerente ao cargo;*

l) Servente de Necropsia – *conclusão da quarta série do primeiro grau escolar ou equivalente;*

m) Guarda Vidas – *conclusão de quinta série do primeiro grau escolar ou equivalente;*

n) Engenheiro de Telecomunicações de Segurança – *diploma de curso de engenharia, devidamente registrado, nas especialidades inerentes ao cargo;*

o) Técnico de Telecomunicações de Segurança – *certificado de segundo grau escolar ou equivalente e habilitação técnica inerente ao cargo;*

Muita atenção, pois o disposto no artigo 3 § 3º do Decreto 3.044/80 foi alterado pelo artigo 21 da Lei 3586/01, conforme transcrevemos na íntegra a seguir:

Art. 21 – *Será exigido do candidato para ingresso na Polícia Civil possuir, quanto ao grau de escolaridade, comprovado por ocasião da posse:*

(Nova redação dada pela <u>Lei nº 4375/2004</u>).

I – Delegado de Polícia – diploma de Bacharel em Direito, devidamente registrado;

II – Perito Legista – diploma de médico, odontólogo, farmacêutico ou bioquímico, devidamente registrado;

III – Perito Criminal – diploma de curso superior em engenharia, informática, farmácia, veterinária, biologia, física, química, economia, ciências contábeis ou agronomia, devidamente registrado;

IV – Engenheiro Policial de Telecomunicações – diploma de curso superior de engenharia, devidamente registrado, na especialidade inerente ao cargo;

V – Inspetor de Polícia – diploma de curso superior devidamente registrado;

(Nova redação dada pelo <u>art. 3º da Lei 4020/2002</u>).

VI – *Oficial de Cartório Policial e Papiloscopista Policial* – *diploma de curso superior devidamente registrado.*

(Nova redação dada pelo art. 3º da Lei 4020/2002).

VII – *Piloto Policial*- *diploma de curso superior devidamente registrado e carta de piloto comercial expedida pela Agência Nacional Aviação Civil – ANAC;*

(Nova redação dada pela Lei 7466/2016).

VIII – *Investigador Policial* – *diploma de curso superior devidamente registrado;*

(Nova redação dada pela Lei 7692/2017).

IX – *Técnico Policial de Necropsia* – *diploma de ensino médio ou equivalente, devidamente registrado;*

X – *Auxiliar Policial de Necropsia* – *certificado de conclusão do ensino fundamental, ou equivalente, devidamente registrado.*

§ 1º – *No concurso público para ingresso na categoria funcional de inspetor de Polícia, quando exigíveis no candidato conhecimento teóricos especializados, será exigida, por ocasião da posse, também, habilitação, técnica inerente à especialidade, devidamente registrada.*

(Nova redação dada pela Lei 4375/2004).

§ 2º – *Para as classes funcionais referidas nos incisos V, VI e VIII serão ainda exigidos, na primeira fase do concurso público, conhecimentos básicos de microinformática, voltados para processadores de textos, bem como apresentação da carteira de habilitação de motorista, até a data prevista para a matrícula no Curso de Formação Profissional.*

Art. 4º – O período de validade dos concursos ficará a critério do Secretário de Segurança Pública, assegurando-se o provimento dos cargos vagos pelos candidatos para esse fim habilitados em concurso, obedecida a ordem de classificação.

Dec. 3.044/80 – Art. 4º – *O prazo de validade dos concursos será fixado no edital de inscrição assegurando-se o provimento dos cargos vagos aos candidatos habilitados, obedecida a ordem de classificação e o disposto nos § 3º e § 4º, do artigo 87, da Constituição Estadual.*

Obs.: Se faz necessário a observância ao Artigo 37, incisos III e IV da CF/88 para a completa compreensão do tema:

III – o prazo de validade do concurso público será de até dois anos, prorrogável uma vez, por igual período;

IV – durante o prazo improrrogável previsto no edital de convocação, aquele aprovado em concurso público de provas ou de provas e títulos será convocado com prioridade sobre novos concursados para assumir cargo ou emprego, na carreira;

Art. 5º – Aos candidatos nomeados será ministrado curso profissionalizante na Academia de Polícia, sem prejuízo do serviço, de acordo com a conveniência da atividade policial.

Art. 6º – Estágio Probatório é o período de 02 (dois) anos de efetivo exercício, a contar da data de início deste, durante o qual são apurados os requisitos necessários à confirmação do funcionário policial ao cargo efetivo para o qual foi nomeado.

Obs.: Atualmente, embora não haja sido alterada a presente legislação e exista tal lacuna legal, para fins de concurso público, o prazo do Estágio Probatório será de 3 anos, pois com o advento da Emenda Constitucional 19/98, operou-se a seguinte alteração no Art. 41 da CF/88: São estáveis após três anos de efetivo exercício os servidores nomeados para cargo de provimento efetivo em virtude de concurso público.

– Não confundir com os 02 (dois) anos, prazo para a aquisição da vitaliciedade, condição privativa de Magistrados e Membros do Ministério Público;

– A vitaliciedade não se confunde com a estabilidade comum do servidor público. A estabilidade do funcionário público, diferentemente da do juiz, é no serviço, e não no cargo.

§ 1º – Os requisitos de que trata este artigo são os seguintes:

1 – aprovação no curso de formação profissional, na Academia de Polícia;

2 – idoneidade moral – conduta do policial apurada através de pesquisa de seus antecedentes, sob aspectos sociais e funcionais;

3 – assiduidade – dever do policial de comparecer à repartição onde trabalha, no horário preestabelecido e, a qualquer hora, quando convocado;

4 – disciplina – rigorosa observância e acatamento integral às leis, regulamentos, normas e disposições que fundamentam o organismo policial e coordenam seu funcionamento regular e harmônico, traduzindo-se no perfeito cumprimento do dever;

5 – eficiência – desempenho com acerto dos encargos inerente à função policial

Dispositivo modificado pelos autores aplicando complementos trazidos pelo artigo 6º do Decreto 3.044/80.

§ 2º – Não está sujeito a novo estágio probatório o funcionário que, nomeado para cargo do serviço policial, já tenha adquirido estabilidade, sendo, porém, requisito indispensável à primeira promoção na série de classes a aprovação em curso de profissionalização.

Obs.: Todo provimento originário em cargo público em razão de aprovação em concurso público de provas ou provas e títulos deverá o servidor se submeter a novo estágio probatório, ainda que seja anteriormente servidor estável. Inexiste direito subjetivo a escusar-se à nova avaliação, não ao menos ao argumento de já havê-la cumprido quando do cargo anterior, porquanto é pressuposto de aptidão ao novo cargo. AC 76546220124058400 – TRF5/2013.

§ 3º – Trimestralmente, o responsável pelo órgão ou unidade administrativa em que esteja lotado o funcionário policial sujeito a estágio probatório, encaminhará ao órgão de pessoal, em boletim próprio, a apreciação sobre o comportamento do estagiário.

§ 4º – Quando o funcionário policial em estágio probatório não preencher quaisquer dos requisitos numerados no § 1º deste artigo, deverá o chefe imediato comunicar o fato ao órgão de pessoal, para o procedimento na forma da lei.

Obs.: Quando reprovado em estágio probatório será o servidor exonerado, e não demitido.

Art. 6º - *O policial ficará sujeito a estágio probatório correspondente ao período de dois anos de efetivo exercício, a contar da data do início deste e durante o qual serão apurados os requisitos indispensáveis a sua confirmação no cargo.*

§ 1º - O requisito de que trata este artigo são os seguintes:

1 - aprovação no curso de formação profissional, na Academia de Polícia;

2 - idoneidade moral - conduta do policial apurada através de pesquisa de seus antecedentes, sob aspectos sociais e funcionais;

3 - assiduidade - dever do policial de comparecer à repartição onde trabalha, no horário preestabelecido e, a qualquer hora, quando convocado;

4 - disciplina - rigorosa observância e acatamento integral às leis, regulamentos, normas e disposições que fundamentam o organismo policial e coordenam seu funcionamento regular e harmônico, traduzindo-se no perfeito cumprimento do dever;

5 - eficiência - desempenho com acerto dos encargos inerente à função policial

§ 2º - O policial que já tenha adquirido estabilidade no serviço público não estará sujeito a novo estágio probatório quando nomeado, reclassificado, transferido, transposto ou transformado sob qualquer forma legal ou judicial, para cargo no serviço policial, sendo, porém obrigatório e requisito indispensável, à primeira promoção, aprovação no Curso de Formação Profissional da Academia de Polícia. **Atenção ao comentário feito no § 2º do Art. 6º do DL 218/75.**

§ 3º - O dirigente do órgão ou unidade administrativa em que esteja lotado o policial, sujeito a estágio probatório, encaminhará ao órgão central de pessoal da Secretaria de Estado da Polícia Civil, trimestralmente, em boletim próprio, apreciação e respeito do comportamento do estagiário, para anotações e providências legais que se fizerem necessárias.

Capítulo II
DO CARGO E DA FUNÇÃO

Art. 7º – O exercício de cargo de natureza policial é privativo dos funcionários abrangidos por este Decreto-Lei.

*Obs. 1: constitucional: Historicamente, quase todas as Constituições – de 1934, 1937, 1946, 1967 e 1969 – preocuparam-se em valorizar o concurso público como forma de prover cargos públicos, **sendo que a Constituição de 1967 foi a mais rígida** ao exigir, no § 1º do art. 95, que a nomeação para cargo público (e não apenas a primeira investidura como estabelecem todas as demais Constituições) dependerá de prévia aprovação em concurso público de provas ou de provas e títulos, vedando quaisquer exceções.*

*Obs. 2: O exercício é decorrência da posse e marca o exato momento em que o funcionário passa a desempenhar legalmente suas funções. O Código Penal veda o exercício funcional ilegalmente antecipado ou prolongado – **Art. 324 do CP** – Entrar no exercício de função pública antes de satisfeitas as exigências legais, ou continuar a exercê-la, sem autorização, depois de saber oficialmente que foi exonerado, removido, substituído ou suspenso: Pena – detenção, de quinze dias a um mês, ou multa.*

Art. 8º – Caracteriza a função policial o exercício de atividades específicas desempenhadas pela **autoridade**, seus agentes e auxiliares, para assegurar o cumprimento da lei, manutenção da ordem pública, a proteção de bens e pessoas, a prevenção da prática dos ilícitos penais e atribuições de polícia judiciária.

Obs.: Lei 12.830/13, art. 2º, § 1º Ao delegado de polícia, na qualidade de autoridade policial, cabe a condução da investigação criminal por meio de inquérito policial ou outro procedimento previsto em lei, que tem como objetivo a apuração das circunstâncias, da materialidade e da autoria das infrações penais. E, art. 3º O cargo de delegado de polícia é privativo de bacharel em Direito, devendo-lhe ser dispensado o mesmo tratamento protocolar que recebem os magistrados, os membros da Defensoria Pública e do Ministério Público e os advogados.

Dec. 3.044/80 – Art. 9º – Caracteriza a função policial o exercício de atividades específicas desempenhadas pelas autoridades, seus agentes e auxiliares, para assegurar o cumprimento da lei, manutenção da ordem pública, proteção de bens e pessoas, prevenção da prática dos ilícitos penais e atribuições de polícia judiciária.

Cargo Público é o lugar instituído na organização do serviço público, com denominação própria, atribuições específicas e estipêndio correspondente, para ser provido e exercido por um titular, na forma estabelecida em lei. Função é a atribuição ou o conjunto de atribuições que a administração confere a cada categoria profissional, ou comete individualmente a determinados servidores para a execução de serviços eventuais. (Hely Lopes Meirelles, Direito Administrativo Brasileiro).

Art. 9º – A função policial, fundada na hierarquia e na disciplina, é incompatível com qualquer outra atividade, salvo as exceções previstas em lei.

Obs.: Veja que os pilares da função policial, ainda que exercida por civis, são os mesmos da função militar (arts. 42, caput e 142, caput, da CF/88)

O direito dos policiais civis do Estado do Rio de acumularem sua função junto com cargo de professor voltou a ser assegurado. Essa garantia foi incluída por uma emenda constitucional, aprovada pela ALERJ, no artigo 11 das Disposições Transitórias da Constituição Estadual. No entanto, em fevereiro de 2018, o Governo do Estado publicou o decreto 46.238/18, que determinava a não aplicação da medida com base em um parecer da Procuradoria Geral do Estado do Rio de Janeiro (PGE-RJ). Para revogar esse ato do governador, a Assembleia Legislativa do Estado do Rio de Janeiro publicou a Lei 8.303/2019 que RECONHECE A ATIVIDADE DOS MEMBROS DA POLÍCIA JUDICIÁRIA COMO DE CARÁTER TÉCNICO, PARA FINS DO DISPOSTO NO ART. 37, XVI, B, DA CF/88.

Artigo 37 XVI – é vedada a acumulação remunerada de cargos públicos, exceto, quando houver compatibilidade de horários... b) a de um cargo de professor com outro técnico ou científico;

Insta salientar que tal acumulação deve obedecer aos limites do **Art. 4º da lei 8.303/19**: *O membro da Polícia Judiciária poderá, em havendo compatibilidade de horários, exercer cumulativamente atividade de* *professor, desde que a carga horária não ultrapasse 60 (sessenta) horas semanais.*

Parágrafo único – Os círculos hierárquicos são âmbitos de convivência entre os policiais de mesma classe e têm a finalidade de desenvolver o espírito de camaradagem, em ambiente de estima e confiança, sem prejuízo do respeito mútuo.

Art. 10 do Dec. 3.044/80

Título II
Capítulo Único
DO CÓDIGO DE ÉTICA POLICIAL

Art. 10 – O policial manterá observância, tanto mais rigorosa quanto mais elevado for o grau hierárquico, dos seguintes preceitos de ética:

I – servir à sociedade como obrigação fundamental;

II – proteger vidas e bens;

III – defender o inocente e o fraco contra o engano e a opressão;

IV – preservar a ordem, repelindo a violência;

V – respeitar os direitos e garantias individuais;

VI – jamais revelar tibieza ante o perigo e o abuso;

VII – exercer a função policial com probidade, discrição e moderação, fazendo observar as leis com lhaneza;

VIII – não permitir que sentimentos ou animosidades pessoais possam influir em suas decisões;

IX – ser inflexível, porém justo, no trato com os delinquentes;

X – respeitar a dignidade da pessoa humana;

XI – preservar a confiança e o apreço de seus concidadãos pelo exemplo de uma conduta irrepreensível na vida pública e na particular;

XII – cultuar o aprimoramento técnico profissional;

XIII – amar a verdade e a responsabilidade como fundamentos da ética do serviço policial;

XIV – obedecer às ordens superiores, **exceto quando manifestamente ilegais;**

XV – não abandonar o posto em que deva ser substituído sem a chegada do substituto;

XVI – respeitar e fazer respeitar a hierarquia do serviço policial;

XVII – prestar auxílio, ainda que não esteja em hora de serviço:

1 – a fim de prevenir ou reprimir perturbação da ordem pública;

2 – quando solicitado por qualquer pessoa carente de socorro policial, encaminhando-a à autoridade competente, **quando insuficientes as providências de sua alçada.**

Obs.: O Servidor Policial, por força deste dispositivo, é obrigado, ainda que não esteja em horário de serviço, a interferir nas circunstâncias a que se refere o inciso. Se, em decorrência da sua intervenção vem a se ferir ou falecer, o fato é considerado como acidente em serviço, beneficiando o servidor ou familiares – em caso de falecimento – detentores, assim, dos direitos daqueles que sofrem acidente em serviço. *Artigo 11 do Dec. 3.044/80.

Art. 11 – O policial ao se apresentar ao seu chefe, em sua primeira lotação, prestará o compromisso seguinte:

Prometo observar e fazer observar rigorosa obediência às leis, desempenhar as minhas funções com desprendimento e probidade, considerando inerentes à minha pessoa a reputação e honorabilidade do órgão policial a que agora passo a servir.

Artigo 12 do Dec. 3.044/80.

Título III
DA VIOLAÇÃO DAS OBRIGAÇÕES
Capítulo I
DA RESPONSABILIDADE

Art. 12 – Pelo exercício irregular de suas atribuições o funcionário policial responde civil, penal e administrativamente.

- *Art. 41 do DL 220/75*
- *Art. 14 do Dec. 3.044/80*
- *Art. 287 do Dec. 2479/79*

Art. 13 – As cominações civis, penais e disciplinares poderão cumular-se, sendo umas e outras independentes entre si, bem assim as instâncias civil, penal e administrativa.

Obs. 1: A conduta do servidor policial pode ser classificada ao mesmo tempo como ilícito penal, civil e administrativo, podendo ele ser condenado em todas as esferas ou não, ou seja, na ação civil poderá ser condenado e na ação penal absolvido, pois vale a regra da independência e autonomia entre as instâncias. Contudo, existem exceções nas quais haverá vinculação entre as instâncias, o que significa que não poderá ser condenado na esfera civil ou administrativa quando for absolvido na esfera penal por negativa de autoria ou inexistência de fato, salvo se persistir infração disciplinar na esfera administrativa. Cumpre mencionar que praticada qualquer uma delas, a responsabilização do servidor e dever genérico da administração e dever legal de todo chefe em relação aos seus subordinados e sua inobservância pode constituir transgressão disciplinar conforme dispõem os artigos 285, VII c/c 306 do Dec. 2479/79. (vide Art. 39 do DL 220/75 e Art. 61 do DL 220/75).

Obs. 2: *Se faz obrigatória a leitura do artigo 15 e incisos do Decreto 3.044/80 conforme expomos a seguir:*

§ 1º – A responsabilidade civil decorre de procedimento doloso ou culposo, que importe em prejuízo à fazenda Estadual ou a terceiros.

§ 2º – O prejuízo causado à Fazenda Estadual poderá ser ressarcido mediante desconto em prestações mensais não excedentes da décima parte do vencimento ou remuneração à falta de outros bens que respondam pela indenização.

§ 3º – Tratando-se de danos causados a terceiro, responderá o policial perante a Fazenda Estadual em ação regressiva proposta depois de transitar em julgado a decisão que houver condenado a Fazenda a indenizar o terceiro prejudicado.

§ 4º – A responsabilidade penal abrange os crimes e contravenções imputados ao policial nessa qualidade.

§ 5º – A responsabilidade administrativa resulta de atos praticados ou omissões ocorridas no desempenho do cargo ou fora dele, quando comprometedores de dignidade e do decoro da função pública.

§ 6º – *Mesmo absolvido criminalmente o policial responderá disciplinarmente se, na espécie, existir falta administrativa residual.*

Art. 14 – São transgressões disciplinares:

Atenção!! São de natureza LEVE as transgressões enumeradas nos incisos de I a XII, podendo ser aplicada a penalidade de Advertência verbal, Repreensão por escrito ou Suspensão de 1 (um) a 15 (quinze) dias.

I – falta de assiduidade ou impontualidade habituais;

II – interpor ou traficar influência alheia para solicitar acesso, remoção, transferência ou comissionamento;

III – dar informações inexatas, alterá-las ou desfigurá-las;

IV – usar indevidamente os bens do Estado ou de terceiros sob sua guarda ou não;

V – divulgar notícias sobre serviços ou tarefas em desenvolvimento ou realizadas pela repartição, ou contribuir para que sejam divulgadas ou ainda, conceder entrevista sobre as mesmas sem autorização da autoridade competente;

VI – dar, ceder insígnias ou carteira de identidade funcional;

VII – deixar habitualmente de saldar dívidas legítimas ou de pagar com regularidade pensões a que esteja obrigado por decisão judicial;

VIII – manter relações de amizade ou exibir-se em público, habitualmente, com pessoas de má reputação, exceto em razão de serviço;

IX – permutar o serviço sem expressa autorização de autoridade competente;

X – ingerir bebidas alcoólicas quando em serviço;

XI – afastar-se do município onde exerce suas atividades, sem autorização superior;

XII – deixar, sem justa causa, de submeter-se à inspeção médica determinada em lei ou por autoridade competente;

Atenção!! São de natureza MÉDIA as transgressões enumeradas nos incisos de XII a XXI, podendo ser aplicada a penalidade de Suspensão de 16 (dezesseis) a 40 (quarenta) dias.

XIII – valer-se do cargo com o fim ostensivo ou velado de obter proveito de natureza político-partidária, para si ou para outrem;

XIV – simular doença para esquivar-se do cumprimento do dever;

XV – agir, no exercício da função, com displicência, deslealdade ou negligências;

XVI – intitular-se funcionário ou representante de repartição ou unidade policial a que não pertença;

XVII – maltratar preso sob sua guarda ou usar de violência desnecessária no exercício da função policial;

XVIII – deixar de concluir, nos prazos legais ou regulamentares, sem motivos justos, inquéritos policiais, sindicâncias, atos ou processos administrativos;

XIX – participar de atividade comercial ou industrial exceto como acionista, quotista ou comanditário;

XX – deixar de tratar os superiores hierárquicos e os subordinados com a deferência e urbanidade devidas;

XXI – coagir ou aliciar subordinados com objetivos político-partidários;

Atenção!! São de natureza GRAVE as transgressões enumeradas nos incisos de XII a XXI, podendo ser aplicada a penalidade de Suspensão de 41 (quarenta e um) a 90 (noventa) dias, nos casos de falta grave.

XXII – praticar usura em qualquer de suas formas;

XXIII – apresentar parte, queixa ou representação infundadas contra superiores hierárquicos;

XXIV – indispor funcionários contra seus superiores hierárquicos ou provocar, velada ou ostensivamente, animosidade entre funcionários;

XXV – insubordinar-se ou desrespeitar superior hierárquico;

XXVI – empenhar-se em atividades que prejudiquem o fiel desempenho da função policial;

XXVII – utilizar, ceder, ou permitir que outrem use objetos arrecadados, recolhidos ou apreendidos pela polícia;

XXVIII – entregar-se à prática de jogos proibidos, ou ao vício da embriaguez, ou qualquer outro vício degradante;

XXIX – portar-se de modo inconveniente em lugar público ou acessível ao público;

XXX – esquivar-se, na ausência de autoridade competente, de atender a ocorrências passíveis de intervenção policial que presencie ou de que tenha conhecimento imediato, mesmo fora de escala de serviço;

XXXI – cometer opiniões ou conceitos desfavoráveis aos superiores hierárquicos;

XXXII – cometer a pessoa estranha à Organização Policial, fora dos casos previstos em lei, o desempenho de encargos próprios ou da competência de seus subordinados;

XXXIII – desrespeitar ou procrastinar o cumprimento de decisão judicial ou criticá-la;

XXXIV – eximir-se do cumprimento de suas obrigações funcionais;

XXXV – violar o Código de Ética Policial.

- *Art. 38 do DL 220/75 – Constitui infração disciplinar toda ação ou omissão do funcionário capaz de comprometer a dignidade e o decoro da função pública, ferir a disciplina e a hierarquia, prejudicar a eficiência do serviço ou causar dano à Administração Pública.*

- *Art. 16 do Dec. 3.044/80*

- *Art. 285 do Dec. 2479/79*

- *Art. 286 do Dec. 2479/79*

Art. 15 – As transgressões disciplinares são classificadas como:

I – leves;

II – médias;

III – graves.

§ 1º – São de natureza leve as transgressões enumeradas nos incisos I a XII do artigo anterior.

§ 2º – São de natureza média as transgressões enumeradas nos incisos XIII a XXI do artigo anterior.

§ 3º – São de natureza grave as transgressões enumeradas nos incisos XXII a XXXV do artigo anterior.

§ 4º – A autoridade competente para decidir a punição **poderá agravar** a classificação atribuída às transgressões atendendo às peculiaridades e consequências do caso concreto.

Artigo 15, Decreto 3.044/80: § 5º – O agravamento previsto no parágrafo anterior não ocorrerá nos casos em que já houver sido imposta penalidade aos transgressores, salvo se de mera advertência ou repreensão.

Capítulo III
DAS PENAS DISCIPLINARES

Art. 16 – São penas disciplinares:

I – advertência;

Obs.: será aplicada em particular e verbalmente, nos casos de falta leve. Prescreve em 2 anos.

II – repreensão;

Obs.: será aplicada, por escrito, nos casos de falta leve. Prescreve em 2 anos.

III – suspensão;

*Obs.: Aplicando-se de 1 (um) a 15 (quinze) dias, nos casos de **falta leve**, de 16 (dezesseis) a 40 (quarenta) dias, nos casos de **falta média** e de 41 (quarenta e um) a 90 (noventa) dias, nos casos de **falta grave**. Prescreve em 2 anos.*

IV – afastamento do serviço, do cargo ou função;

Revogado pela Lei nº 4236/2003.

V – prisão disciplinar;

- *Revogado pela Lei nº 4236/2003.*
- *Art. 5º da CF/88, LXI – ninguém será preso senão em flagrante delito ou por ordem escrita e fundamentada de autoridade judiciária competente, salvo nos casos de transgressão militar ou crime propriamente militar, definidos em lei;*

VI – demissão;

Prescreve em 5 anos.

VII – cassação de aposentadoria ou disponibilidade.

- *Prescreve em 5 anos.*
- *Art. 16 do Dec. 3.044/80.*
- *Dec. 3.044/80, Art. 208 – A indisciplina será apurada tendo em vista as penalidades de advertência, repreensão, suspensão, afastamento do serviço, do cargo ou de função e prisão disciplinar, impostas ao policial.*

Parágrafo único – Serão considerados os seguintes pontos negativos para grupo de três penalidades:

I – três advertências – um ponto negativo;

II – duas advertências e uma repreensão – um ponto negativo;

III – uma advertência e duas repreensões – dois pontos negativos;

IV – três repreensões – dois pontos negativos;

V – suspensão, afastamento ou prisão domiciliar – por dia de penalidade – um ponto negativo.

Art. 17 – Na aplicação das penas disciplinares serão considerados:

Obs.: O problema da fixação da pena é resolvido, em primeiro lugar, pelo legislador, que estabelece diferentes modalidades de pena e em quantidades variáveis. O julgador, concluindo que o sindicado deve ser apenado, deve considerar as circunstâncias contidas no artigo 17, exasperando ou abrandando a pena, segundo seu prudente arbítrio, respeitados, todavia, os limites máximo e mínimo.

I – repercussão do fato;

II – danos decorrentes da transgressão ao serviço público;

III – causas de justificação;

IV – circunstâncias atenuantes;

V – circunstâncias agravantes;

VI – a classificação da gravidade estabelecida no artigo 15.

- *Art. 293 do Dec. 2479/79*
- *Art. 47 do DL. 220/75*

§ 1º – São causas de justificação:

1) motivo de força maior plenamente comprovado;

2) ter sido cometida a transgressão na prática de ação meritória, no interesse do serviço, da ordem ou da segurança pública.

Não esqueça!! Não haverá punição quando for reconhecida uma das causas de justificação previstas.

§ 2º – São circunstâncias atenuantes:

1) boa conduta funcional;

2) relevância dos serviços prestados;

3) ter sido cometida a transgressão em defesa de direitos próprios ou de terceiros, ou para evitar mal maior.

§ 3º – São circunstâncias agravantes:

1) má conduta funcional;

2) prática simultânea ou conexão de **duas ou mais** transgressões;

3) reincidência;

4) ser praticada a transgressão em conluio por **duas ou mais pessoas**, durante a execução do serviço, em presença de subordinados ou em público;

5) ter sido praticada a transgressão com premeditação ou com abuso de autoridade hierárquica ou funcional.

§ 4º – Não haverá punição quando, no julgamento da transgressão, for reconhecida uma das causas de justificação previstas.

Nota-se, aqui, o íntimo relacionamento entre o Direito Penal comum e o hoje denominado Direito Penal Administrativo. Para Damásio de Jesus, Fernando Capez, Julio Fabbrini Mirabete, Cleber Masson entre outros, a teoria bipartida adotada pelo Código Penal – o crime depende de apenas dois requisitos: fato típico e ilicitude. A culpabilidade liga o autor a pena, por isso o CP, no art. 23 usa a expressão "não há crime" porque ocorreu a exclusão da ilicitude. Já nos arts. 26, caput e 28 § 1º usa a expressão "é isento de pena", o que significa: o crime existiu, mas o autor não é culpável. No nosso caso o legislador observando a mesma teoria, diz: "não haverá punição", reconhecendo que a transgressão disciplinar ocorreu, mas seu autor não deve ser punido por conta da presença de uma causa excludente de culpabilidade, que se consubstancia na exigibilidade de conduta diversa.

Dec. 3.044/80, Art. 19 – *Na aplicação das penas disciplinares serão considerados:*

I – repercussão do fato;

II – danos decorrentes da transgressão ao serviço público;

III – causas de justificação;

IV – circunstâncias atenuantes;

V – circunstâncias agravantes;

VI – a classificação da gravidade estabelecida no artigo 17.

§ 1º – São causas de justificação:

1 – motivo de força maior, plenamente comprovado;

2 – Ter sido cometida a transgressão na prática de ação meritória, no interesse do serviço, da ordem ou da segurança pública;

§ 2º – São circunstâncias atenuantes:

1 – boa conduta funcional;

2 – relevância de serviços prestados;

3 – Ter sido cometida a transgressão em defesa de direitos próprios ou de terceiros ou para evitar mal maior;

§ 3º – São circunstâncias agravantes:

1 – má conduta funcional;

2 – prática simultânea de duas ou mais transgressões;

3 – reincidência;

4 – ser praticada a transgressão, em conluio, por duas ou mais pessoas, durante a execução de serviço, em presença de subordinados ou em público;

5 – ter sido praticada a transgressão com premeditação ou abuso de autoridade hierárquica ou funcional.

§ 4º – Não haverá punição, quando, na apreciação da falta, for reconhecida uma das causas de justificação prevista no § 1º.

Art. 18 – A pena de **advertência** será aplicada em **particular e verbalmente**, nos casos de **falta leve**.

*- Dec. 3.044/80, Art. 20 – A pena de **advertência** será aplicada em **particular e verbalmente**, nos casos de **falta leve**.*

- Dec. 3.044/80 Art. 208 – A indisciplina será apurada tendo em vista as penalidades de advertência, repreensão, suspensão, afastamento do serviço, do cargo ou de função e prisão disciplinar, impostas ao policial.

Parágrafo único – Serão considerados os seguintes pontos negativos para grupo de três penalidades:

I – três advertências – um ponto negativo;

II – duas advertências e uma repreensão – um ponto negativo;

III – uma advertência e duas repreensões – dois pontos negativos;

IV – três repreensões – dois pontos negativos;

V – suspensão, afastamento ou prisão domiciliar – por dia de penalidade – um ponto negativo.

- DL 220/75, Art. 48 – A pena de advertência será aplicada verbalmente em casos de negligência e comunicada ao órgão de pessoal.

*Obs.: Deve-se atentar que no DL 218/75 e o Dec. 3.044/80, o legislador fala em aplicação **verbal e em particular** da penalidade de advertência, já no DL 220/79 somente fala em aplicação verbal.*

Art. 19 – A pena de **repreensão** será aplicada, **por escrito**, nos casos de **falta leve**.

Obs.: Aqui devemos nos atentar para as variações de escrita entre os artigos. No artigo 21 do Regulamento 3.044/80 damos destaque que a pena de repreensão será aplicada em caráter reservado, já no artigo 49 do DL 220/75, Estatuto do Estado do Rio de Janeiro, aplica-se a repreensão em casos de desobediência ou falta de cumprimento dos deveres, bem como de reincidência específica em transgressão punível com pena de advertência conforme evidencia-se nos artigos que seguem:

- **Dec. 3.044/80, Art. 21** – *A pena de repreensão será aplicada, por escrito, nos casos de falta leve, <u>em caráter reservado</u>.*

- **DL. 220/75, Art. 49** – *A pena de repreensão será aplicada **por escrito** em casos de **desobediência ou falta de cumprimento dos deveres**, bem como de reincidência específica em transgressão punível com pena de advertência.*

Art. 20 – A pena de **suspensão**, que **não poderá exceder a 90 (noventa) dias**, será aplicada:

Obs.: Uma das principais diferenças entre o Estatuto do Rio de janeiro, mais amplo, e o Estatuto da Polícia Civil, mais específico, encontra-se na quantidade de dias que podem ser aplicados na penalidade de suspensão. Aqui neste artigo vemos que o limite é de 90 dias assim como no artigo 22 do Dec.3.044/80 que regulamenta o presente estatuto, já pelos artigos 50§ 1º do DL 220/75 e 296 §1º do Dec. 2479/79 revelam que a pena de suspensão não poderá exceder a 180 dias! Com essa análise, fica claro que a maior penalidade aplicável pelo presente estatuto é a de suspensão até 90 dias e as penalidades que excederem a tal limite serão regidas pelo Estatuto geral de servidores públicos – DL 220/75 e Dec.2479/79.

- *Art. 22 do Dec. 3.044/80 – A pena de suspensão não excederá de **noventa dias**, implicando em perda total dos vencimentos correspondentes aos dias e era aplicada.*

- *Art. 50 § 1º do DL 220/75 – § 1º – A pena de suspensão não poderá exceder a **180 (cento e oitenta) dias**.*

- *Art. 296 § 1º do Dec. 2479/79 – § 1º – A pena de suspensão não poderá exceder a **180 (cento e oitenta) dias**.*

I – de 1 (um) a 15 (quinze) dias, nos casos de **falta leve**;

II – de 16 (dezesseis) a 40 (quarenta) dias, nos casos de **falta média**;

III – de 41 (quarenta e um) a 90 (noventa) dias, nos casos de **falta grave**.

Parágrafo único – Quando houver conveniência para o serviço policial, a pena de suspensão poderá ser convertida em multa, na base de 50% (cinquenta por cento) por dia de vencimento ou remuneração, obrigado, nesse caso, o policial a permanecer no serviço, cumprindo sua carga horária de trabalho normal.

Art. 21 – A pena de prisão disciplinar até 30 (trinta) dias poderá ser aplicada nos casos de faltas médias ou graves.

Parágrafo único – O cumprimento da pena de prisão disciplinar deverá ser efetuada em local previamente designado pelo Secretário de Segurança Pública e importa na perda de 50% dos vencimentos correspondentes aos dias de prisão.

ATENÇÃO! Revogado pelo artigo 5, LXI da CF/88 – ninguém será preso senão em flagrante delito ou por ordem escrita e fundamentada de autoridade judiciária competente, salvo nos casos de transgressão militar ou crime propriamente militar, definidos em lei;

Art. 22 – A pena de demissão, cassação de aposentadoria ou disponibilidade **será aplicada nos casos previstos no Estatuto dos Funcionários Públicos Civis.**

Obs.: O presente artigo faz menção aos artigos 52 c/c 40 e 55 do DL 220/75, e artigos 298 c/c 286 e 301 do Decreto 2479/79 que o regulamenta.

- DL 220/75, art. 52 – A pena de <u>demissão</u> será aplicada nos casos de:

I – falta relacionada no art. 40 (cometimento de proibições), quando de natureza grave, a juízo da autoridade competente, e se comprovada má fé;

II – incontinência pública e escandalosa; prática de jogos proibidos;

III – embriaguez habitual ou em serviço;

IV – ofensa física em serviço, contra funcionário ou particular, salvo em legítima defesa;

*V – abandono de cargo; (**10 faltas consecutivas injustificadas ou não abonadas**);*

*VI – ausência ao serviço, sem causa justificada, por (vinte) dias, interpoladamente, durante o período de 12 (doze) meses; (**inassiduidade habitual**);*

VII – insubordinação grave em serviço;

VIII – ineficiência comprovada, com caráter de habitualidade, no desempenho dos encargos de sua competência;

IX – desídia no cumprimento dos deveres (Art. 41§ 1, III da CF/88 – Avaliação periódica de desempenho).

§ 1º – Para fins exclusivamente disciplinares, considera-se como **abandono de cargo** a que se refere o inciso V deste artigo, a **ausência ao serviço, sem justa causa, por 10 (dez) dias consecutivos**.

§ 2º – Entender-se-á por ausência ao serviço **com justa causa** a que assim for considerada após a devida comprovação em inquérito administrativo, caso em que as **faltas** serão **justificadas** apenas para fins disciplinares.

Obs.: Atenção, pois neste ponto, o Estatuto Carioca apresenta uma quantidade de dias diferentes dos apresentados pelo estatuto dos servidores públicos federais, Lei 8112/90. A Lei Complementar nº 85, de 13 de junho de 1996, modificou o inciso VI e o § 1º do Art. 52 do DL. 220/75, tipificando agora como abandono de carco a ausência injustificada ao serviço por 10 dias consecutivos e como inassiduidade habitual 20 dias de faltas, interpoladas, e não justificadas em um período de 12 meses, sendo ambas causa de demissão.

- **Decreto 2479/79, art. 298** – A pena de **demissão** será aplicada nos casos de:

I – falta relacionada no **art. 286**, quando de natureza grave, a juízo da autoridade competente, **e se comprovada má fé**;

II – incontinência pública e escandalosa ou prática de jogos proibidos;

III – embriaguez, habitual ou em serviço;

IV – ofensa física, em serviço, contra funcionário ou particular, salvo em legítima defesa;

V – abandono de cargo;

VI – ausência ao serviço, sem causa justificada, por 60 (sessenta) dias, interpoladamente, durante o período de 12 (doze) meses;

VII – insubordinação grave em serviço;

VIII – ineficiência comprovada, com caráter de habitualidade, no desempenho dos encargos de sua competência;

IX – desídia no cumprimento dos deveres.

Art. 23 – São competentes para aplicação das penas disciplinares previstas nesse Estatuto:

I – o Governador do Estado, em qualquer caso e privativamente nos casos dos incisos VI e VII, do artigo 16, em relação aos delegados de polícia;

Obs.: somente o Governador pode aplicar a Demissão, cassação de aposentadoria ou disponibilidade aos Delegados de Polícia.

II – O Secretário de Estado de Segurança Pública, em qualquer caso, e, privativamente, nos casos dos incisos VI e VII do artigo 16, **em relação aos demais servidores policiais** e **suspensão acima de 60 (sessenta) dias;**

III – o Chefe da Polícia Civil, nos casos dos incisos I e II (*advertência e repreensão*), do artigo 16, e suspensão até 60 (sessenta) dias;

IV – o Corregedor da Policia Civil, nos casos dos incisos I e II (*advertência e repreensão*), do artigo 16, e suspensão até 50 (cinquenta) dias;

V – os dirigentes de unidade de polícia administrativa e judiciária da Policia Civil, nos casos dos incisos I a III (*advertência, repreensão e suspensão*), do artigo 16, aos servidores policiais que lhes forem subordinados, limitada a pena de suspensão ao prazo de 30 (trinta) dias.

Parágrafo único – Quando para qualquer transgressão, for prevista mais de uma pena disciplinar, a autoridade competente, atenta às circunstâncias de cada caso, decidirá qual a aplicável.

Obs.: Cuidado para não confundir com as autoridades competentes para aplicação das penalidades constantes do Estatuto dos Servidores públicos Civis do Estado do Rio de Janeiro (DL. 220/79 no art. 56 c/c Dec. 2479/79 no art. 302).

Art. 24 – Extingue-se a punibilidade pela prescrição:

I – da transgressão disciplinar sujeita à pena de advertência, repreensão ou suspensão no prazo de 02 (dois) anos;

II – da transgressão disciplinar sujeita á pena de demissão, cassação de aposentadoria ou de disponibilidade no prazo de 05 (cinco) anos;

III – da transgressão disciplinar prevista na Lei como infração penal, juntamente com o crime;

§ 1º – O curso do prazo prescricional começa a correr da data em que o fato se tornou conhecido pela Administração Pública.

Obs.: O termo a quo do prazo prescricional é estabelecido pelo Art. 57 § 2º do DL 220/75 como sendo a data do fato/evento. Pelo Art. 303 § 2º do Dec. 2479/79, a prescrição começa a correr da data do fato/evento ou do dia em que vier a ser conhecido. Por ter sido recepcionado com status de Lei Complementar, deve prevalecer o disposto no DL. 220/75. Já no que diz respeito ao presente estatuto, o Art. 24 § 1º diz que o prazo começa a correr na data em que o fato se tornou conhecido pela Administração Pública, e o Art. 28 § 3º do Dec. 3.044 revela que curso da prescrição começa a fluir da data da prática do evento punível disciplinarmente e interrompe-se pela abertura de sindicância, apuração sumária ou inquérito administrativo, prevalecendo o primeiro por possuir status de Lei Complementar. Em uma pergunta de prova deve-se ter bastante atenção para o enunciado da pergunta.

§ 2º – O curso do prazo prescricional interrompe-se com a instauração da sindicância ou do processo administrativo disciplinar, até decisão final proferida por autoridade competente.

§ 3º – o curso do prazo prescricional não corre:

I – enquanto sobrestados a sindicância ou o processo administrativo disciplinar para aguardar decisão judicial;

II – enquanto insubsistente o vínculo funcional que venha a ser restabelecido.

Capítulo IV
DA APURAÇÃO DAS TRANSGRESSÕES DISCIPLINARES

Art. 25 – A autoridade que tiver ciência de irregularidade no serviço público é obrigada a promover sua apuração imediata, mediante sindicância ou processo administrativo disciplinar, assegurados ao acusado o contraditório e a ampla defesa.

Art. 5, LV da CF/88 – aos litigantes, em processo judicial ou administrativo, e aos acusados em geral são assegurados o contraditório e ampla defesa, com os meios e recursos a ela inerentes;

Art. 25-A – A apuração das infrações, cuja natureza autoriza a aplicação das penalidades previstas nos incisos I a III (advertência, repreensão e suspensão), do art. 16, será feita mediante sindicância administrativa disciplinar, limitada a penalidade de suspensão a 60 (sessenta) dias.

Obs.: De acordo com o Art. 20 do presente estatuto a penalidade de suspensão não poderá ultrapassar 90 dias. Logo, fica claro com a leitura do presente artigo que a penalidade de suspensão superior a 60 dias somente poderá ser aplicada mediante Processo Administrativo Disciplinar, e não Sindicância Administrativa Disciplinar. Mencionamos ainda que a essência da Sindicância aqui presente é diferente da prevista no DL 220/75, que em seu artigo 62 diz que constitui-se como mera averiguação podendo ser aplicada as penalidades de advertência, repreensão ou suspensão até 30 dias no máximo, ao que ultrapassar, fica sujeito a PAD nos moldes do artigo 25-B deste estatuto.

§ 1º – A sindicância administrativa disciplinar será concluída no prazo de **60 (sessenta) dias, contados a partir de sua instauração.**

§ 2º – Após concluída a sindicância administrativa disciplinar deverá ser encaminhada à autoridade competente para decisão.

§ 3º – Não sendo possível a conclusão da sindicância administrativa disciplinar, no **prazo de 60 (sessenta) dias**, a autoridade sindicante encaminhará, sob pena de responsabilidade funcional, no prazo de **10 (dez) dias**, ao chefe imediato, relatório circunstanciado indicando as diligências faltantes e solicitando prazo para a sua conclusão, que não poderá exceder a **30 (trinta) dias.**

§ 4º – Excepcionalmente, não sendo concluída a sindicância administrativa disciplinar no prazo total de **90 (noventa) dias**, a autoridade sindicante, no prazo de **10 (dez) dias**, justificadamente, sob pena de responsabilidade funcional, encaminhará relatório circunstanciado ao chefe imediato que, em igual prazo abrirá vista ao Chefe da Polícia Civil com a indicação das diligências faltantes e a solicitação do prazo necessário à sua conclusão.

Obs.: prazo da sindicância: Em regra teremos 60 + 30, e de maneira excepcional será adicionado a solicitação de prazo necessário à conclusão, a ser deferida pelo Chefe de Polícia. A sindicância prevista no DL 220/75 possui o prazo de 30 dias + 8 dias.

Art. 25-B – Quando à transgressão disciplinar for cominada pena superior a 60 (sessenta) dias de suspensão, demissão, cassação de aposentadoria ou de disponibilidade, os autos serão encaminhados ao Chefe da Polícia Civil, que os remeterá ao Secretário de Estado de Segurança Pública para instauração de processo administrativo disciplinar, por distribuição a uma das Comissões Permanentes de Inquérito Administrativo — CPIAs.

§ 1º – O processo administrativo disciplinar deverá ser ultimado pela Comissão respectiva, presidida por delegado de polícia, no **prazo de 90 (noventa) dias**, contados a partir da sua instauração.

§ 2º – Não sendo possível a conclusão do processo administrativo disciplinar no prazo de **90 (noventa) dias**, as comissões encaminharão, sob pena de responsabilidade funcional, no prazo **de 10 (dez) dias**, ao órgão de supervisão, relatório indicando as diligências faltantes e **solicitando prazo para sua conclusão**, que não poderá exceder a **90 (noventa) dias**.

§ 3º – Na hipótese de o indiciado ser delegado de polícia, o processo administrativo disciplinar será presidido obrigatoriamente por outro de nível igual ou superior.

§ 4º – Excepcionalmente, não concluído o processo administrativo disciplinar no prazo total de **180 (cento e oitenta) dias**, o órgão de supervisão encaminhará, sob pena de responsabilidade funcional, no prazo de 10 (dez) dias, ao Secretário de Estado de Segurança Pública relatório circunstanciado elaborado pelas comissões, indicando as diligências faltantes e solicitando o prazo necessário á sua conclusão.

Obs.: Prazo do PAD: Em regra teremos 90 dias + até 90 dias, no total de 180 dias, e de maneira excepcional será adicionada a solicitação de prazo necessário à conclusão, a ser deferido pelo Secretário de Estado de Segurança Pública.

A não obediência aos prazos previstos para a sindicância ou PAD não invalidam o processo, mas acarretam na responsabilidade disciplinar aos servidores que a ela deram causa.

Art. 25-C – O servidor integrante do Quadro de Pessoal da Polícia Civil poderá ser afastado do exercício do cargo ou da função, sem perda de vencimentos, por prazo **não superior a 30 (trinta) dias**, a critério do Secretário de Estado de Segurança Pública, nas seguintes hipóteses:

Obs.: O Estatuto do Estado do Rio de Janeiro traz tal medida acautelatória e permite que tal suspensão preventiva dure 30 dias prorrogáveis até o máximo de 90 dias em sua totalidade.

I – quando existam indícios suficientes da prática de transgressão disciplinar grave;

II – quando a medida se impuser no interesse da ordem pública;

III – quando houver necessidade do afastamento para que o servidor não venha a influir na apuração da falta.

Parágrafo único – O afastamento de que trata este artigo é medida acautelatória e não constitui pena.

Art. 25-D – As autoridades competentes terão 10 (dez) dias, após recebidas as conclusões das Comissões de Sindicâncias e Processos Administrativos, para proferir a decisão referente ao servidor, sob pena de responsabilidade.

Art. 26 – Para as recompensas e punições, o policial terá seu comportamento classificado em:

I – excepcional;

II – ótimo;

III – bom;

IV – regular;

V – mau.

Art. 33 do Dec. 3.044/80

§ 1º – Ao ingressar no serviço público o servidor terá o conceito bom.

Art. 34 do Dec. 3.044/80

§ 2º – Os policiais que tiverem anotação de suspensão superior a 10 (dez) dias no período anterior à elaboração do Boletim de Merecimento, serão incluídos no conceito do inciso V **(MAU)** e no inciso IV **(REGULAR)**, se tais fatos se registraram no período **de 02 (dois) anos**.

§ 3º – O servidor policial somente será incluído nos incisos I **(EXCEPCIONAL)** e II **(ÓTIMO)** se não tiver sofrido pena disciplinar de qualquer espécie, nos períodos, **respectivamente, de 10 (dez) e 05 (cinco) anos** que antecederem a elaboração dos respectivos Boletins de Merecimento.

§ 4º – decorrido o **prazo de 10 (dez) anos** sem anotação de penas disciplinares, o policial poderá requerer o cancelamento das anotações anteriores, o que será concedido a critério do Secretário de Segurança Pública.

- **Dec. 3.044/80, Art. 35** – *Decorrido o prazo de dez anos sem anotação de penas disciplinares, o policial poderá requerer o cancelamento das anotações anteriores, que será concedido a critério do Secretário de Estado de Polícia Civil.*

- **Dec. 3.044/80, Art. 270** – *Na apreciação do pedido de cancelamento da pena disciplinar, prevista no artigo 35, poderão ser levados em conta os relevantes serviços prestados à segurança pública pelo policial, por decisão do Secretário de Estado da Polícia Civil.*

Título IV
DOS DIREITOS E VANTAGENS
Capítulo I
DOS DIREITOS

Art. 27 – São direitos pessoais decorrentes do exercício da função policial:

I – garantia do uso do título em toda a sua plenitude, com as vantagens e prerrogativas a ele inerentes;

II – estabilidade, nos termos da legislação em vigor;

Obs.: Estabilidade é o direito adquirido pelo servidor após 3 anos de efetivo exercício, que somente poderá perder seu cargo mediante PAD onde lhe seja assegurado o contraditório e ampla defesa, decisão judicial transitada em julgado e avaliação periódica de desempenho na forma da CF/88.

III – uso das designações hierárquicas;

IV – desempenho de cargos e funções correspondentes à condição hierárquica;

V – percepção de vencimento correspondente ao padrão fixado em lei e de vantagens pecuniárias;

Obs.: O vencimento é a retribuição pecuniária devida ao servidor pelo efetivo exercício do cargo público. Quando o legislador deseja se referir apenas ao padrão do servidor (parte básica), utiliza a palavra no singular. Quando usa o termo no plural, vencimentos, que também utiliza como sinônimo a palavra Remuneração, deseja fazer menção também às vantagens recebidas pelo servidor. Os vencimentos possuem natureza alimentar o que não permite a retenção pela Administração Pública, nem que seja objeto de arresto, sequestro ou penhora. Todavia, em prestações alimentícias devidas pelo servidor ou empréstimos consignados autorizados pelo mesmo, são descontáveis em folha.

VI – percepção de salário família, diárias e ajuda de custo;

VII – carteira funcional

VIII – promoções regulares e por bravura, inclusive post mortem, ascensões regulares, inclusive post mortem;

IX – medalhas **Mérito Policial** e **Mérito Especial** e outras condecorações previstas em lei;

X – assistência médica, hospitalar, social e quando ferido, ou acidentado em serviço, ou em razão da função, submetido a processo em decorrência do estrito cumprimento do dever legal.

XI – aposentadoria nos termos da lei, com proventos integrais, independente de tempo de serviço, quando for reconhecida a invalidez permanente por motivo de acidente em serviço ou em consequência dele.

XII – **trânsito** quando desligado de uma sede para assumir exercício em outra, situada em município diferente;

Obs.: Trânsito é o período correspondente a 2 dias de afastamento total do serviço, concedido ao policial civil, quando desligado de uma sede para ter exercício em outra, dentro de um mesmo município, prorrogável por igual período por solicitação do interessado, a juízo da autoridade competente a dar-lhe exercício.

XIII – auxílio funeral;

XIV – prisão domiciliar por tempo de serviço;

XV – férias e licenças previstas em lei;

XVI – gratificação adicional por tempo de serviço;

XVII – acesso e transferência regulamentares;

XVIII – garantias devidas ao resguardo da integridade física do policial em caso de cumprimento de pena em estabelecimento penal, conquanto sujeito ao sistema disciplinar penitenciário;

XIX – quando aposentado, porte de arma.

Art. 28 – Aos beneficiários do policial falecido, em consequência de agressão sofrida no desempenho de suas atribuições ou, ainda, em consequência de acidente ocorrido em serviço ou de moléstia nele adquirida, será concedida pensão equivalente ao vencimento mais as vantagens percebidas por ocasião do óbito.

§ 1º – a prova das circunstâncias do falecimento será feita de acordo com a legislação em vigor.

§ 2º – O valor da pensão será sempre revisto, nas mesmas bases em que se modificarem os valores dos vencimentos dos funcionários em atividade.

Capítulo II

DAS FÉRIAS

Art. 29 – O funcionário gozará, obrigatoriamente, 30 (trinta) dias de férias por ano, concedidas de acordo com escala organizada pelo chefe imediato.

- *Dec. 3.044/80, Art. 43* – *Somente depois do primeiro ano de efetivo exercício, adquirirá o policial direito a férias, as quais corresponderão ao ano em que se completar esse período.*

Obs.: No absoluto interesse do serviço as férias poderão ser gozadas parceladamente, em períodos de 10 ou de 15 dias, e na hipótese de interrupção, artigo 32 deste estatuto, se o período restante não se ajustar aos períodos mencionados, o prazo será computado para efeito de acumulação de que trata o artigo 30 dente estatuto.

- *Arts. 90 e 92 § 2º do Dec. 2479/79*

- *Art. 38 do Dec. 3.044/80*

- *Art. 18 do DL. 220/75*

Art. 30 – É proibida a acumulação de férias, salvo por imperiosa necessidade de serviço e pelo máximo de 02 (dois) períodos.

- *Art. 39 do Dec. 3.044/80*
- *Art. 91 do Dec. 2479/79*

Art. 31 – O funcionário ao entrar em férias, participará ao chefe imediato seu endereço eventual.

- *Art. 40 do Dec. 3.044/80*
- *Art. 79 do Dec. 2479/79*

Art. 32 – Mediante convocação do **Secretário de Segurança Pública**, o funcionário policial será obrigado a interromper suas férias em situação de emergente necessidade da segurança nacional ou para manutenção da ordem pública.

Parágrafo único – O funcionário terá direito a renovar o gozo do período assim interrompido, em época oportuna, **sempre a critério da administração.**

Título V
DAS DISPOSIÇÕES DIVERSAS
Capítulo I
DA APOSENTADORIA

Art. 33 – O servidor policial será aposentado:

I – compulsoriamente;

II – voluntariamente;

III – por invalidez.

§ 1º – O policial será aposentado com limites de idade e tempo de serviço que vierem a ser fixados em lei.

§ 2º – A aposentadoria por invalidez será sempre procedida de licença por período não inferior a 24 meses, salvo quando o laudo médico concluir, anteriormente àquele prazo, pela incapacidade definitiva para o serviço policial.

Art. 263 do Dec. 3.044/80

Art. 34 – O aposentado receberá provento integral:

I – no caso do incido II do artigo anterior;

II – quando a invalidez for em consequência de acidente no exercício de suas atribuições ou em virtude de doença profissional;

Artigo 40, § 1º, I da CF/88 – *por invalidez permanente, sendo os proventos proporcionais ao tempo de contribuição, exceto se decorrente de acidente em serviço, moléstia profissional ou doença grave, contagiosa ou incurável, na forma da lei.*

III – quando acometido de tuberculose ativa, alienação mental, neoplasia maligna, cegueira, lepra, paralisia irreversível e incapacitante, cardiopatia grave, estados adiantados de Paget (osteíte deformante), com base nas conclusões da medicina especializada.

Art. 264 do Dec. 3.044/80

§ 1º – Considera-se acidente o evento que causar mediata ou imediatamente, ao policial, dano decorrente do exercício das atribuições inerentes ao cargo ou função.

§ 2º – A autoridade policial competente fará registro circunstanciado do fato, no qual deverá consignar as provas colhidas, em caso de acidente de serviço.

Dec. 3.044/80, art. 62 § 5º – *A autoridade policial competente, nos casos previstos neste artigo, fará registro minucioso do fato, no qual deverá consignar todas as provas colhidas, encaminhando expediente relativo ao apurado do órgão de pessoal da Secretaria,* **para fim de instauração de sindicância***, a ser concluída no prazo de oito dias, prorrogável por igual período, quando as circunstâncias o exigirem.*

§ 3º – As servidor ocupante de cargo policial em comissão, aplicar-se-á o disposto neste artigo, quando enquadrado nos termos do inciso II.

Art. 35 – A aposentadoria voluntária mantém o funcionário em exercício até a publicação do respectivo ato, salvo quando já afastado do cargo.

Art. 265 do Dec. 3.044/80

Art. 36 – O aumento de vencimento que for concedido ao servidor policial da ativa será dado na mesma proporção ao inativo.

Art. 37 – recompensa é o reconhecimento dos bons serviços prestados pelo servidor policial.

Art. 267 do Dec. 3.044/80

Art. 38 – São recompensas:

I – agraciamento com as Medalhas **Mérito Policial** e **Mérito Especial**, na forma instituída em lei;

II – elogios individuais e coletivos;

III – dispensa total do serviço até 10 (dez) dias;

IV – cancelamento de pena disciplinar.

Art. 39 – São competentes para conceder a dispensa total do serviço:

I – até 10 (dez) dias: O Secretário de Segurança Pública;

II – até 05 (cinco) dias: chefes de órgãos subordinados diretamente ao Secretário de Segurança Pública;

III – até 02 (dois) dias: os titulares de Delegacias.

Art. 269 do Dec. 3.044/80

Art. 40 – O cancelamento de pena disciplinar, além da hipótese prevista no § 4º do artigo 27, pode ser concedido, como recompensa, em razão de relevantes serviços prestados à segurança pública, por decisão do Secretário de Estado da Polícia Civil.

- Art. 35 do Dec. 3.044/80

- Art. 270 do Dec. 3.044/80

Art. 41 – A requisição do funcionário policial para ter exercício em outra unidade administrativa, respeitados os casos previstos em lei, somente será permitida quando houver compatibilidade e correlação entre as atribuições típicas do cargo com as dos serviços da unidade, sempre com expressa autorização do Governador, sujeitando-se o servidor a perda das vantagens decorrentes estritamente da função policial.

Art. 272 do Dec. 3.044/80

Art. 42 – Aquele que, comprovadamente, se revelar inapto para o exercício da função policial, sem causa que justifique sua demissão ou aposentadoria, será readaptado em outra função, mais compatível com a sua capacidade, sem que essa readaptação lhe traga qualquer prejuízo financeiro.

Arts. 45 e 271 do Dec. 3.044/80

Art. 43 – Aplicam-se aos servidores policiais as disposições do Estatuto dos Funcionários Públicos Civis e demais normas de pessoal, naquilo que não colidir com este Decreto-Lei.

Obs.: *E para que seja compreendido a quantidade de remissões feitas ao Estatuto do Estado do Rio de Janeiro, é necessária a leitura do Art. 275 do Dec. 3.044/80 – Aplicam-se subsidiariamente aos policiais as disposições do Estatuto dos funcionários Públicos Civis do Estado do Rio de Janeiro aprovado pelo Decreto-Lei nº 220, de 18 de julho de 1975, seu Regulamento e demais normas de pessoal, naquilo que não colidir com o Decreto-Lei nº 218, de 18 de julho de 1975, e este Regulamento.*

Art. 44 – O Poder Executivo, no prazo de 90 (noventa) dias, baixará o Regulamento deste diploma legal.

Art. 45 – Este Decreto-Lei entrará em vigor na data de sua publicação, revogadas as disposições em contrário.

Rio de Janeiro, 18 de julho de 1975
FLORIANO FARIA LIMA

REGULAMENTO DO ESTATUTO DOS POLICIAIS CIVIS DO ESTADO DO RIO DE JANEIRO

DECRETO Nº 3.044 DE 22 DE JANEIRO DE 1980

APROVA O REGULAMENTO DO ESTATUTO DOS POLICIAIS DO ESTADO DO RIO DE JANEIRO

O GOVERNADOR DO ESTADO DO RIO DE JANEIRO, no uso de suas atribuições legais

D E C R E T A:

Art. 1º – Fica aprovado o Regulamento do Estatuto dos Policiais Civis do Estado do Rio de Janeiro, a que se refere o artigo 44 do decreto-lei nº 218, de 18 de julho de 1975, o qual acompanha o presente Decreto.

Art. 2º – Este Decreto entrará em vigor na data de sua publicação, revogadas as disposições em contrário.

Rio de Janeiro, 22 de janeiro de 1980.

A. de P. Chagas Freitas
Edmundo Adolfo Murgel

REGULAMENTO DO ESTATUTO DOS POLICIAIS CIVIS DO ESTADO DO RIO DE JANEIRO

Título I
DISPOSIÇÕES PRELIMINARES

Art. 1º – São policiais civis, abrangidos por este Decreto, os funcionários legalmente investidos em cargos de provimento efetivo do quadro do serviço policial civil.

Comentários realizados no Art. 1º do Decreto Lei 218 de 1975.

Parágrafo único – Para os efeitos deste Decreto, é considerado policial o ocupante de cargo isolado de provimento em comissão ou função gratificada, com atribuições e responsabilidades de natureza policial.

Comentários realizados no Art. 1º, § único do Decreto Lei 218 de 1975.

Capítulo I
DO INGRESSO

Art. 2º – A nomeação será feita:

I – em caráter efetivo, quando se tratar de cargo de classe inicial de série de classe;

- Comentários realizados no Art. 2º, I do Decreto Lei 218 de 1975.

- Art. 37, II da CF/88.

II – em comissão, quando se tratar de cargo que em virtude de lei, assim deva ser provido;

Decreto 2479/79 – Art. 38, II.

Art. 3º – O ingresso nos cargos de provimento efetivo exige:

I – nacionalidade brasileira;
II – idade-limite na forma estabelecida em lei;

Comentários realizados no Art. 3º, II do Decreto Lei 218 de 1975.

III – gozo dos direitos políticos, comprovado através de documento fornecido pelas entidades públicas, responsáveis pelo controle desses direitos;
IV – certificado expedido por repartição militar competente e título eleitoral que comprovem, respectivamente, a quitação das obrigações militares e eleitorais;
V – condições sociais familiares compatíveis com a função policial, a serem apuradas mediante sindicância reservada;
VI – boa saúde, comprovada através de inspeção médica, realizada pelo Departamento de Perícias Médicas da Secretaria de Estado da Administração;
VII – aptidão física e psíquica para o exercício da função policial, apurada por profissionais capacitados;
VIII – habilitação prévia, em concurso público de provas ou de prova e títulos, realizada na Academia de Polícia;
IX – classificação do habilitado dentre o número de vagas existentes na classe inicial da série de classes.

§ 1º – Os exames e provas práticas, previstas no inciso VI e VII, terão caráter eliminatório e precederão à realização das provas mencionadas no inciso VIII.

§ 2º – Quando o número de inscritos for elevado, excepcionalmente os exames e provas práticas previstos nos incisos VI e VII poderão ser realizados "a posteriori", *somente para os aprovados*, a critério do Secretário de Estado de Polícia Civil.

§ 3º – Além dos requisitos enunciados nos incisos I e IX deste artigo, será exigido dos candidatos a cargos policiais por ocasião da inscrição no concurso público, o seguinte grau de escolaridade:

a) Delegado de Polícia – diploma de bacharel em direito, devidamente registrado;

b) Escrivão de Polícia – certificado de segundo grau escolar ou equivalente;

c) Detetive – certificado de segundo grau escolar ou equivalente e carteira de habilitação de motorista profissional;

d) Perito Criminal – diploma de curso superior, devidamente registrado nos conselhos respectivos, nas especialidades inerentes ao cargo;

e) Perito Legista – diploma de médico, devidamente registrado no Conselho Regional de Medicina;

f) Piloto Policial – certificado de segundo grau escolar ou equivalente e carta de piloto comercial expedida pelo Departamento de Aviação Civil (DAC);

g) Papiloscopista – certificado de segundo grau escolar ou equivalente;

h) Técnico de Necropsia, Fotógrafo Policial, Inspetor de Salvamento – certificado de primeiro grau escolar ou equivalente;

i) Auxiliar Técnico de Comunicações de Segurança e Operador de Telecomunicações de Segurança – certificado de primeiro grau ou equivalente e habilitação técnica inerente ao cargo;

j) Motorista Policial – conclusão da quarta série do primeiro grau escolar ou equivalente e habilitação técnica inerente ao cargo;

l) Servente de Necropsia – conclusão da quarta série do primeiro grau escolar ou equivalente;

m) Guarda vidas – conclusão de quinta série do primeiro grau escolar ou equivalente;

n) Engenheiro de Telecomunicações de Segurança – diploma de curso de engenharia, devidamente registrado, nas especialidades inerentes ao cargo;

o) Técnico de Telecomunicações de Segurança – certificado de segundo grau escolar ou equivalente e habilitação técnica inerente ao cargo;

Muita atenção, pois o disposto no artigo 3 § 3º do Decreto 3.044/80 foi alterado pelo artigo 21 da Lei 3586/01, conforme transcrevemos na íntegra a seguir, o site da ALERJ não oferece a presente legislação com indicações dessa alteração:

Art. 21 – *Será exigido do candidato para ingresso na Polícia Civil possuir, quanto ao grau de escolaridade, comprovado por ocasião da posse:*
(Nova redação dada pela Lei nº 4375/2004).

I – Delegado de Polícia – diploma de Bacharel em Direito, devidamente registrado;

II – Perito Legista – diploma de médico, odontólogo, farmacêutico ou bioquímico, devidamente registrado;

III – Perito Criminal – diploma de curso superior em engenharia, informática, farmácia, veterinária, biologia, física, química, economia, ciências contábeis ou agronomia, devidamente registrado;

IV – Engenheiro Policial de Telecomunicações – diploma de curso superior de engenharia, devidamente registrado, na especialidade inerente ao cargo;

V – Inspetor de Polícia – diploma de curso superior devidamente registrado;
(Nova redação dada pelo art. 3º da Lei 4020/2002).

VI – Oficial de Cartório Policial e Papiloscopista Policial – diploma de curso superior devidamente registrado.
(Nova redação dada pelo art. 3º da Lei 4020/2002).

*VII – **Piloto Policial- diploma de curso superior devidamente registrado e carta de piloto comercial expedida pela Agência Nacional Aviação Civil – ANAC;***
(Nova redação dada pela Lei 7466/2016).
*VIII – **Investigador Policial** – **diploma de curso superior devidamente registrado;***
(Nova redação dada pela Lei 7692/2017).

IX – Técnico Policial de Necropsia – diploma de ensino médio ou equivalente, devidamente registrado;

X - Auxiliar Policial de Necropsia - certificado de conclusão do ensino fundamental, ou equivalente, devidamente registrado.

§ 1º - No concurso público para ingresso na categoria funcional de inspetor de Polícia, quando exigíveis no candidato conhecimento teóricos especializados, será exigida, por ocasião da posse, também, habilitação, técnica inerente à especialidade, devidamente registrada.
(Nova redação dada pela Lei nº 4375/2004).

§ 2º - Para as classes funcionais referidas nos incisos V, VI e VIII serão ainda exigidos, na primeira fase do concurso público, conhecimentos básicos de microinformática, voltados para processadores de textos, bem como apresentação da carteira de habilitação de motorista, até a data prevista para a matrícula no Curso de Formação Profissional.

Art. 4º – O prazo de validade dos concursos será fixado no edital de inscrição assegurando-se o provimento dos cargos vagos aos candidatos habilitados, obedecida a ordem de classificação e o disposto nos § 3º e § 4º, do artigo 87, da Constituição Estadual.

Comentários realizados no Art. 4º do Decreto Lei 218 de 1975.

Art. 5º – O policial, nomeado na forma do inciso I do artigo 2º, será matriculado "ex-ofício" no curso de formação profissional na Academia de Polícia, com ou sem prejuízo do serviço, de acordo com a conveniência da atividade policial.

Art. 6º – O policial ficará sujeito a estágio probatório correspondente ao período de dois anos de efetivo exercício, a contar da data do início deste e durante o qual serão apurados os requisitos indispensáveis a sua confirmação no cargo.

Comentários realizados no Art. 6º do Decreto Lei 218 de 1975.

§ 1º – O requisito de que trata este artigo são os seguintes:

1 – aprovação no curso de formação profissional, na Academia de Polícia;

2 – idoneidade moral – conduta do policial apurada através de pesquisa de seus antecedentes, sob aspectos sociais e funcionais;

3 – assiduidade – dever do policial de comparecer à repartição onde trabalha, no horário preestabelecido e, a qualquer hora, quando convocado;

4 – disciplina – rigorosa observância e acatamento integral às leis, regulamentos, normas e disposições que fundamentam o organismo policial e coordenam seu funcionamento regular e harmônico, traduzindo-se no perfeito cumprimento do dever;

5 – eficiência – desempenho com acerto dos encargos inerente à função policial

§ 2º – O policial que já tenha adquirido estabilidade no serviço público não estará sujeito a novo estágio probatório quando nomeado, reclassificado, transferido, transposto ou transformado sob qualquer forma legal ou judicial, para cargo no serviço policial, sendo, porém obrigatório e requisito indispensável, à primeira promoção, aprovação no Curso de Formação Profissional da Academia de Polícia.

Comentários realizados no Art. 6º § 2º do Decreto Lei 218 de 1975.

§ 3º – O dirigente do órgão ou unidade administrativa em que esteja lotado o policial, sujeito a estágio probatório, encaminhará ao órgão central de pessoal da Secretaria de Estado da Polícia Civil, **trimestralmente**, em boletim próprio, apreciação e respeito do comportamento do estagiário, para anotações e providências legais que se fizerem necessárias.

Comentários realizados no Art. 6º, § 4º do Decreto Lei 218 de 1975.

Art. 7º – Os cargos em comissão destinam-se a atender a encargos de direção e assessoramento superiores e serão providos, através de livre escolha do Governador, por indicação do Secretário de Estado da Polícia Civil, dentre os policiais e pessoas que possuam aptidões técnicas e reúnem as condições necessárias à investidura no serviço público.

Parágrafo único – Aquele que for indicado para exercer cargo em comissão, além dos requisitos dos incisos I, III, IV, V e VI do artigo 3º, deverá:

1 – Ter aptidão intelectual necessária ao cargo, comprovada pela apresentação de diploma de curso de nível superior;

2 – Ter aptidão profissional comprovada através da correlação entre os encargos típicos do cargo em comissão e os do cargo efetivo, civil ou militar ou em se tratando de policial inativo, de sua atividade de natureza privada.

Capítulo II
DO CARGO E DA FUNÇÃO

Art. 8º – O exercício de cargo de natureza policial é privativo dos funcionários abrangidos por este Decreto e integrantes do quadro do serviço policial civil.

Comentários realizados no Art. 7º do Decreto Lei 218 de 1975.

Art. 9º – Caracteriza a função policial o exercício de atividades específicas desempenhadas pelas autoridades, seus agentes e auxiliares, para assegurar o cumprimento da lei, manutenção da ordem pública, proteção de bens e pessoas, prevenção da prática dos ilícitos penais e atribuições de polícia judiciária.

Comentários realizados no Art. 8º do Decreto Lei 218 de 1975.

Art. 10 – A função policial, fundada na hierarquia e na disciplina, é incompatível com qualquer outra atividade, salvo as exceções previstas em lei.

Comentários realizados no Art. 9º do Decreto Lei 218 de 1975.

Parágrafo único – Os círculos hierárquicos são âmbitos da convivência entre policiais da mesma classe e têm a finalidade de desenvolver o espírito de camaradagem em ambiente de estima e confiança, sem prejuízo do respeito mútuo.

Título II
Capítulo Único
DO CÓDIGO DE ÉTICA POLICIAL

Art. 11 – O policial manterá observância, tanto mais rigorosa quanto mais elevado for o grau hierárquico dos seguintes preceitos de ética:

I – servir à sociedade como obrigação fundamental;

II – proteger vidas e bens;

III – defender o inocente e o fraco contra o engano e a opressão;

IV – preservar a ordem, repelindo a violência;

V – respeitar os direitos e as garantias individuais;

VI – jamais revelar tibieza ante o perigo e o abuso;

VII – exercer a função policial com probidade, discrição e moderação, fazendo observar as leis com clareza;

VIII – não permitir que sentimentos ou animosidades pessoais possa influir em suas decisões;

IX – ser inflexível, porém justo, no trato com os delinquentes;

X – respeitar a dignidade da pessoa humana;

XI – preservar a confiança e o apreço de seus concidadãos pelo exemplo de uma conduta irrepreensível na vida pública e na particular;

XII – cultuar o aprimoramento técnico-profissional;

XIII – amar a verdade e a responsabilidade, como fundamentos da ética do serviço policial;

XIV – obedecer às ordens superiores, **exceto quando manifestamente ilegais**;

XV – não abandonar o posto em que deva ser substituído sem a chegada do substituto;

XVI – respeitar e fazer respeitar a hierarquia do serviço policial;

XVII – prestar auxílio, ainda que não esteja em hora de serviço:

1 – a fim de prevenir ou reprimir perturbação da ordem pública;

2 – quando solicitado por qualquer pessoa carente de socorro policial, encaminhando-se à autoridade competente, **quando insuficientes as providências de sua alçada.**

Comentários realizados no Art. 10 do Decreto Lei 218 de 1975.

Art. 12 – O policial ao se apresentar ao seu chefe, em sua primeira lotação, prestará o compromisso seguinte:

"Prometo observar e fazer observar rigorosa obediência às leis, desempenhar as minhas funções com desprendimento e probidade, considerando inerentes à minha pessoa a reputação e honorabilidade do órgão policial que agora passo a servir."

Título III
DA VIOLAÇÃO DAS OBRIGAÇÕES
Capítulo I
DA RESPONSABILIDADE

Art. 13 – Cabe ao policial a responsabilidade integral pelas decisões que tomar, pelas ordens que emitir e pelos atos que praticar.

Art. 14 – Pelo exercício irregular de suas atribuições o policial responde civil, penal e administrativamente.

- Art. 41 do DL 220/75
- Art. 12 do DL 218/75
- Art. 287 do Dec. 2479/79

Art. 15 – As cominações civis, penais e disciplinares poderão acumular-se, sendo umas e outras independentes entre si, bem assim as instâncias civil, penal e administrativa.

Comentários realizados no Art. 13 do Decreto Lei 218 de 1975.

§ 1º – A responsabilidade civil decorre de procedimento doloso ou culposo, que importe em prejuízo à fazenda Estadual ou a terceiros.

§ 2º – O prejuízo causado à Fazenda Estadual poderá ser ressarcido mediante desconto em prestações mensais não excedentes da décima parte do vencimento ou remuneração à falta de outros bens que respondam pela indenização.

§ 3º – Tratando-se de danos causados a terceiro, responderá o policial perante a Fazenda Estadual em ação regressiva proposta depois de transitar em julgado a decisão que houver condenado a Fazenda a indenizar o terceiro prejudicado.

§ 4º – A responsabilidade penal abrange os crimes e contravenções imputados ao policial nessa qualidade.

§ 5º – A responsabilidade administrativa resulta de atos praticados ou omissões ocorridas no desempenho do cargo ou fora dele, quando comprometedores de dignidade e do decoro da função pública.

§ 6º – Mesmo absolvido criminalmente o policial responderá disciplinarmente se, na espécie, existir falta administrativa residual.

Capítulo II
DAS TRANSGRESSÕES DISCIPLINARES

Art. 16 – São transgressões disciplinares:

Atenção!! São de natureza LEVE as transgressões enumeradas nos incisos de I a XII, podendo ser aplicada a penalidade de Advertência verbal, Repreensão por escrito ou Suspensão de 1 (um) a 15 (quinze) dias.

I – falta de assiduidade ou impontualidade habituais;

II – interpor ou traficar influência alheia para solicitar ~~ascensão,~~ remoção, ~~transferência~~ ou comissionamento;

III – dar informações inexatas, alterá-las ou desfigurá-las:

IV – usar indevidamente os bens do Estado ou de terceiro, sob sua guarda ou vigilância;

V – divulgar notícia sobre serviços ou tarefas em desenvolvimento realizadas pela repartição, ou contribuir para que sejam divulgadas, ou ainda, conceder entrevistas sobre as mesmas sem autorização da autoridade competente;

VI – dar, ceder ou emprestar arma, insígnias ou carteira de identidade funcional;

VII – deixar habitualmente de saldar dívidas legítimas ou de pagar regularmente pensões a que esteja obrigado por decisão judicial;

VIII – manter relações de amizade ou exibir-se em público, habitualmente, com pessoas de má reputação, exceto em razão de serviço;

IX – permutar o serviço sem expressa autorização competente;

X – ingerir bebidas alcoólicas quando em serviço;

XI – afastar-se do município onde exerce suas atividades, sem autorização superior;

XII – deixar, sem justa causa, de submeter-se à inspeção médica determinada em lei ou por autoridade competente;

Atenção!! São de natureza **MÉDIA** as transgressões enumeradas nos incisos de **XII a XXI**, podendo ser aplicada a penalidade de Suspensão de 16 (dezesseis) a 40 (quarenta) dias.

XIII – valer-se do cargo com o fim ostensivo ou velado de obter proveito de natureza político partidária, para si ou para outrem;

XIV – simular doença para esquivar-se ao cumprimento do dever;

XV – agir, no exercício da função, com displicência, deslealdade ou negligência;

XVI – intitular-se funcionário ou representante de repartição ou unidade policial a que não pertença;

XVII – maltratar preso sob sua guarda ou usar de violência desnecessária no exercício da função policial;

XVIII – deixar de concluir, nos prazos legais ou regulamentares, sem motivos justos, inquéritos policiais, sindicâncias ou processo administrativos;

XIX – participar de atividade comercial ou industrial exceto como acionista, quotista ou comanditário;

XX – deixar de tratar os superiores hierárquicos e os subordinados com a deferência e a urbanidade devida;

XXI – coagir ou aliciar subordinados com objetivos político-partidários;

Atenção!! São de natureza GRAVE as transgressões enumeradas nos incisos de XII a XXI, podendo ser aplicada a penalidade de Suspensão de 41 (quarenta e um) a 90 (noventa) dias, nos casos de falta grave.

XXII – praticar usura em qualquer de suas formas;

XXIII – apresentar parte, queixa ou representação infundada contra superiores hierárquicos;

XXIV – indispor funcionários contra seus superiores hierárquicos ou provocar, velada ou ostensivamente, animosidade entre funcionários;

XXV – insubordinar-se ou desrespeitar superior hierárquico;

XXVI – empenhar-se em atividades que prejudiquem o fiel desempenho da função policial;

XXVII – utilizar, ceder ou permitir que outrem use objetos arrecadados, recolhidos ou apreendidos pela polícia;

XXVIII – entregar-se a prática de jogos proibidos ou ao vício da embriaguez, ou qualquer outro vício degradante;

XXIX – portar-se de modo inconveniente em lugar público ou acessível ao público;

XXX – esquivar-se, na ausência da autoridade competente, de atender a ocorrências passíveis de intervenção policial que presencie ou de que tenha conhecimento imediato, mesmo fora da escala de serviço;

XXXI – emitir opiniões ou conceitos desfavoráveis aos superiores hierárquicos;

XXXII – cometer a pessoa estranha à organização policial, fora dos casos previstos em lei, o desempenho de encargos próprios ou da competência de seus subordinados;

XXXIII – desrespeitar ou procrastinar o cumprimento de decisão judicial ou criticá-la depreciativamente.

XXXIV – eximir-se do cumprimento de suas obrigações funcionais

XXXV – violar o código de ética policial.

- Art. 38 do DL 220/75 – Constitui infração disciplinar toda ação ou omissão do funcionário capaz de comprometer a dignidade e o decoro da função pública, ferir a disciplina e a hierarquia, prejudicar a eficiência do serviço ou causar dano à Administração Pública.
- Art. 285 do Dec. 2479/79
- Art. 286 do Dec. 2479/79

Art. 17 – As transgressões disciplinares são classificadas como:

I – leves;

II – médias;

III – graves.

§ 1º – São de natureza leve as transgressões enumeradas nos incisos I e XII do artigo anterior;

§ 2º – São de natureza média as transgressões enumeradas nos incisos XIII e XXI do artigo anterior;

§ 3º – São de natureza grave as transgressões enumeradas nos incisos XXII e XXXV do artigo anterior;

§ 4º – A autoridade competente para decidir a punição **poderá agravar** a classificação atribuída às transgressões disciplinares, atendendo às peculiaridades e consequências do caso concreto.

§ 5º – O agravamento previsto no parágrafo anterior não ocorrerá nos casos em que já houver sido imposta penalidade aos transgressores, salvo se de mera advertência ou repreensão.

Capítulo III
DAS PENAS DISCIPLINARES

Art. 18 – São penas disciplinares:

I – advertência;

Obs.: será aplicada em particular e verbalmente, nos casos de falta leve. Prescreve em 2 anos.

II – repreensão;

Obs.: será aplicada, por escrito, nos casos de falta leve. Prescreve em 2 anos.

III – suspensão;

*Obs.: Aplicando-se de 1 (um) a 15 (quinze) dias, nos casos de **falta leve**, de 16 (dezesseis) a 40 (quarenta) dias, nos casos de **falta média** e de 41 (quarenta e um) a 90 (noventa) dias, nos casos de **falta grave**. Prescreve em 2 anos.*

IV – afastamento do serviço, do cargo ou função;
V – prisão disciplinar;
(Inciso V revogado pelo Art. 5º, inciso LXI da C.F.)

Art. 5º da CF/88, LXI – ninguém será preso senão em flagrante delito ou por ordem escrita e fundamentada de autoridade judiciária competente, salvo nos casos de transgressão militar ou crime propriamente militar, definidos em lei;

VI – demissão;

Prescreve em 5 anos.

VII – Cassação de aposentadoria ou disponibilidade.

Prescreve em 5 anos.

Art. 19 – Na aplicação das penas disciplinares serão considerados:

Comentários realizados no Art. 17 do Decreto Lei 218 de 1975.

I – repercussão do fato;

II – danos decorrentes da transgressão ao serviço público;

III – causas de justificação;

IV – circunstâncias atenuantes;

V – circunstâncias agravantes;

VI – a classificação da gravidade estabelecida no artigo 17.

- Art. 293 do Dec. 2479/79.
- Art. 47 do DL. 220/75.

§ 1º – São causas de justificação:

1 – motivo de força maior, plenamente comprovado;

2 – Ter sido cometida a transgressão na prática de ação meritória, no interesse do serviço, da ordem ou da segurança pública;

Não esqueça!! *Não haverá punição quando for reconhecida uma das causas de justificação previstas.*

§ 2º – São circunstâncias atenuantes:

1 – boa conduta funcional;

2 – relevância de serviços prestados;

3 – Ter sido cometida a transgressão em defesa de direitos próprios ou de terceiros ou para evitar mal maior;

§ 3º – São circunstâncias agravantes:

1 – má conduta funcional;

2 – prática simultânea de duas ou mais transgressões;

3 – reincidência;

4 – ser praticada a transgressão, em conluio, por duas ou mais pessoas, durante a execução de serviço, em presença de subordinados ou em público;

5 – ter sido praticada a transgressão com premeditação ou abuso de autoridade hierárquica ou funcional.

§ 4º – Não haverá punição, quando, na apreciação da falta, for reconhecida uma das causas de justificação prevista no § 1º.

Comentários realizados no Art. 17, § 4º do Decreto Lei 218 de 1975.

Art. 20 – A pena de **advertência** será aplicada em **particular** e **verbalmente**, nos casos de **falta leve**.

Comentários realizados no Art. 18 do Decreto Lei 218 de 1975.

Art. 21 – A pena de **repreensão** será aplicada, por **escrito**, nos casos de **falta leve**, em **caráter reservado**.

Art. 22 – A pena de suspensão **não excederá de noventa dias**, implicando em perda total dos vencimentos correspondentes aos dias e era aplicada:

Comentários realizados no Art. 20 do Decreto Lei 218 de 1975.

I – de um a quinze dias, nos casos de **faltas leves;**

II – de dezesseis a quarenta dias, nos casos de **faltas médias;**

III – de quarenta e um a noventa dias, nos casos de **faltas graves.**

Art. 23 – O policial poderá ser afastado do serviço ou do exercício do cargo ou de função, sem perda de vencimentos, **por prazo não superior a trinta dias**, a critério do Secretário de Estado de Polícia Civil, desde que tenha cometido infração disciplinar ou criminal, cuja natureza ou circunstância do fato gerador se constitua em motivo de desonra para a Secretaria de Estado da Polícia Civil ou quando a medida se impuser ao interesse de ordem pública.

Parágrafo único – O policial, ainda, será afastado do exercício de seu cargo, nas seguintes situações:

I – preso preventivamente, pronunciado, denunciado por crime funcional, ou condenado por crime inafiançável em processo no qual não haja pronúncia, até decisão transitada em julgado;

II – condenado por sentença definitiva à pena que não determine demissão, enquanto durar seu cumprimento.

Art. 24 – Revogado pelo artigo 5º, inciso LXI da C.F.

Parágrafo único – Revogado pelo artigo 5º, inciso LXI, da C.F.

Art. 25 – A aplicação das penas previstas nos incisos III, IV e V do art. 18, será sempre divulgada em Boletim de Serviço, de circulação restrita aos órgãos da Secretaria de Estado da Polícia Civil.

Parágrafo único – Qualquer que seja o resultado do procedimento disciplinar instaurado, será obrigatoriamente comunicado à Corregedoria Geral de Polícia e à Divisão de Pessoal para fins de registro e anotação na pasta de assentamentos funcionais do servidor.

Art. 25 e parágrafo único com redação dada pelo Decreto nº 10.543, de 29-10-87. O artigo 2º do mesmo Decreto determina que em todos os dispositivos deste Regulamento as expressões "Secretário ou Secretaria de Segurança Pública", estejam substituídas por "Secretário ou Secretaria de Estado da Polícia Civil."

Art. 26 – A pena de demissão, cassação de aposentadoria ou disponibilidade será aplicada nos casos previstos no Estatuto dos Funcionários Públicos Civis.

Comentários realizados no Art. 22 do Decreto Lei 218 de 1975.

Art. 27 – São competentes para aplicação das penas disciplinares previstas neste Decreto:

I – O Governador do Estado, em qualquer caso e, privativamente, nos casos de demissão, cassação da aposentadoria ou disponibilidade;

Obs.: somente o Governador pode aplicar a Demissão, cassação de aposentadoria ou disponibilidade aos Delegados de Polícia.

II – O Secretário de Estado da Polícia Civil, nos casos dos incisos III a V do artigo 18;

III – Os dirigentes de unidades administrativas diretamente subordinadas ao Secretário, nos casos dos incisos I a III do artigo 18, aos policiais que lhes forem subordinados e desde que a pena de suspensão não ultrapasse cinquenta dias.

IV – Os dirigentes de departamentos não subordinados diretamente ao Secretário, diretores de divisão e titulares de delegacia policial, nos casos dos incisos I a III do artigo 18, aos policiais que lhes forem subordinados **desde que a pena de suspensão não ultrapasse a vinte dias.**

Parágrafo único – Quando, para qualquer transgressão, for prevista mais de uma pena disciplinar, a autoridade competente, atenta às circunstâncias de cada caso, decidirá qual a aplicável.

Comentários realizados no Art. 23 § único do Decreto Lei 218 de 1975.

Art. 28 – Prescrevem:

I – Em **dois anos** as faltas sujeitas às penas de **advertência, repreensão, suspensão, afastamento do serviço, do cargo ou função e prisão disciplinar;**

ATENÇÃO! Prisão disciplinar foi revogada pelo artigo 5, LXI da CF/88 – ninguém será preso senão em flagrante delito ou por ordem escrita e fundamentada de autoridade judiciária competente, salvo nos casos de transgressão militar ou crime propriamente militar, definidos em lei;

II – Em **cinco anos**, as faltas sujeitas às penas de **demissão, cassação de aposentadoria ou disponibilidade.**

§ 1º – A falta prevista como crime na lei penal prescreverá juntamente com este.

§ 2º – Prescrita a punição, se ainda houver prejuízo material decorrente do ato punível, **o infrator ficará sujeito a reparação do dano**, na forma da legislação civil vigente.

§ 3º – **O curso da prescrição começa a fluir da data da prática do evento punível disciplinarmente e interrompe-se pela abertura de sindicância, apuração sumária ou inquérito administrativo.**

Comentários realizados no Art. 24 do Decreto Lei 218 de 1975.

Capítulo IV
DA APURAÇÃO DAS TRANSGRESSÕES DISCIPLINARES

Art. 29 – A aplicação das penas disciplinares de suspensão, afastamento do serviço, do cargo ou função e prisão disciplinar será sempre antecedida de sindicância ou apuração sumária da transgressão cometida pelo policial, ressalvado o preceituado no artigo 32.

Obs.: No caso de aplicação das penas acima de cinquenta dias de suspensão ou demissão, ou cassação de aposentadoria ou disponibilidade os autos da sindicância serão conclusos ao Secretário de Estado da Polícia Civil com proposição de instauração de inquérito administrativo a ser distribuído a uma das comissões permanentes de inquérito administrativo, da Secretaria Estadual de Administração.

Art. 30 – A investigação a que se refere o artigo anterior será ultimada **no prazo de dez dias** pelo chefe imediato do transgressor, que em seu relatório fará consignar:

1 – data, modo e circunstâncias em que teve notícia ou ciência do fato;

2 – versão do fato na forma por que teve conhecimento:

3 – elemento de prova ou indício colhido ou constatado e informação das testemunhas;

4 – defesa do acusado;

5 – conclusão;

6 – decisão, quando for o caso;

Parágrafo único – Ocorrerá o arquivamento da investigação quando:

a) existir causa de justificação;

b) existir dúvida ou prova insuficiente sobre a autoria;

c) Ter fluído o prazo prescricional;

d) Não restar provada a existência do fato;

e) Não ter o sindicato concorrido para a irregularidade administrativa;

f) Não haver na forma típica adequação para a irregularidade.

Parágrafo acrescentado pelo Decreto no 13.573, de 22 de setembro de 1989.

Art. 31 – Na hipótese de o chefe imediato do transgressor ser incompetente para aplicação da pena disciplinar cabível, os autos serão imediatamente remetidos à autoridade superior, **dentro de quarenta e oito horas, sob pena de conivência.**

Art. 32 – Ocorrendo tratar-se de infração prevista neste Regulamento e no Estatuto do Funcionamento Públicos Civis do Poder Executivo do Estado do Rio de Janeiro, instituído pelo Decreto-Lei nº 220, de 18 de julho de 1975, a que seja cominada pena disciplinar superior a **cinquenta dias de suspensão ou demissão, ou cassação de aposentadoria ou disponibilidade**, os autos da sindicância serão conclusos ao Secretário de Estado da Polícia Civil com proposição de instauração de inquérito administrativo a ser distribuído a uma das comissões permanentes de inquérito administrativo, da Secretaria Estadual de Administração.

Art. 33 – Para as recompensas e punições, o policial terá o seu comportamento classificados em:

I – excepcional;

II – ótimo;

III – bom;

IV – regular;

V – mau.

Art. 34 – O policial terá conceito bom ao ingressar no serviço público;

§ 1º – Os policiais que tiverem anotação de suspensão superior a dez dias, no período de um ano, anterior ao calendário das promoções, serão classificados no conceito "mau"; e no conceito "regular", se tais faltas se registrarem no período de dois anos.

§ 2º – O policial somente será classificado nos conceitos "excepcional" e "ótimo", se não tiver sofrido pena disciplinar de qualquer espécie, nos períodos, respectivamente, de dez a cinco anos que antecedam o calendário das promoções.

Art. 35 – Decorrido o prazo de dez anos sem anotação de penas disciplinares, o policial poderá requerer o cancelamento das anotações anteriores, que será concedido a critério do Secretário de Estado de Polícia Civil.

Título IV
DOS DIREITOS E VANTAGENS
Capítulo I
DAS DISPOSIÇÕES GERAIS

Art. 36 – São direitos pessoais decorrentes do exercício da função policial;

I – Garantia de uso do título em toda a sua plenitude, com as vantagens prerrogativas a ele inerentes;

II – Estabilidade, nos termos da legislação em vigor;

Comentários realizados no Art. 27, II do Decreto Lei 218 de 1975.

III – Uso das designações hierárquicas;

IV – Desempenho dos cargos e funções correspondentes à condição hierárquica;

V – Percepção de vencimento correspondente ao padrão fixado em lei e das vantagens pecuniárias;

Comentários realizados no Art. 27, II do Decreto Lei 218 de 1975.

VI – Percepção de salário-família, diárias e ajuda de custo, na forma da legislação em vigor;

VII – Carteira funcional e insígnia na forma estabelecida em legislação própria;

VIII – Promoções regulares e por bravura, inclusive post-mortem, ascensões regulares, inclusive post-mortem.

IX – Medalhas "Mérito Policial" e "Mérito Especial" e outras condecorações, na forma prevista em lei, com anotações na folha de assentamentos funcionais;

X – Assistência médico-hospitalar, social e judiciária, quando ferido ou acidentado em serviço ou em razão da função, submetido a processo em decorrência do estrito cumprimento do dever legal;

XI – Aposentadoria nos termos da lei, com proventos integrais, independentemente de tempo de serviço, quando for reconhecida a invalidez permanente, por motivo de acidente em serviço, ou em razão da função, ou ainda, em caso de moléstia grave adquirida em serviço ou em consequência dele;

XII – **Trânsito**: o período correspondente a cinco dias de afastamento total do serviço, concedido ao policial civil, quando desligado de uma sede para assumir exercício em outra situada em município diferente e se destina a preparativos e à realização de viagem;

Comentários realizados no Art. 27, XII do Decreto Lei 218 de 1975.

XIII – Concessão de auxílio-funeral;

XIV – Prisão domiciliar cumprida na residência do infrator;

XV – Prisão domiciliar cumprida na residência do infrator;

XVI – Férias e licenças previstas em lei;

XVII – Gratificação adicional por tempo de serviço, na forma prevista no art. 90 e seus parágrafos;

XVIII – ~~Ascensão e transferência~~, na forma da legislação;

Obs.: Ascensão e Transferência são formas de provimento inconstitucionais.

XIX – Garantias devidas ao resguardo da integridade física do policial em caso de cumprimento de pena em estabelecimento penal; conquanto sujeito ao sistema disciplinar penitenciário;

XX – Portar arma, com discrição, mesmo quando aposentado.

Parágrafo único – O policial, **vinte e quatro horas após o último dia do período de trânsito**, deverá apresentar-se à unidade policial para a qual foi designado.

Art. 37 – Aos beneficiários do policial falecido, em consequência da agressão sofrida no desempenho de suas atribuições, em serviço ou fora dele, em razão de acidente nele ocorrido ou ainda, de moléstia nele adquirida, será concedida pensão equivalente ao vencimento, acrescida de todas as vantagens percebidas por ocasião do óbito.

§ 1º – A prova das circunstâncias do falecimento será feita de acordo com a legislação em vigor.

§ 2º – O valor da pensão será sempre revisto, nas mesmas bases em que se modificarem os valores dos vencimentos dos policiais em atividade.

Capítulo II
DOS DIREITOS
Seção I
DAS FÉRIAS

Art. 38 – O policial gozará, obrigatoriamente, **trinta dias de férias por ano**, concedida de acordo com escala organizada pelo dirigente da unidade administrativa a que estiver subordinada e comunicada ao órgão central de pessoal da Secretaria de Estado da Polícia Civil, para fins de publicação e controle.

Art. 39 – É proibido a acumulação de férias, salvo por imperiosa necessidade de serviço e pelo máximo de dois períodos.

Art. 40 – O policial, ao entrar em férias, participará ao chefe imediato seu endereço eventual.

Art. 41 – Mediante convocação do Secretário de Estado da Polícia Civil, o policial será obrigado a interromper suas férias, em situação de emergente necessidade de segurança nacional ou para manutenção de ordem pública.

Parágrafo único – O policial terá direito a retornar às férias interrompidas, em época oportuna, **sempre a critério da administração**.

Art. 42 – A escala de férias poderá ser alterada, de acordo com as necessidades do serviço, por iniciativa do superior ao qual estiver imediatamente subordinado, comunicada a alteração ao órgão competente, inclusive para efeito de acumulação de períodos.

Art. 43 – Somente depois do primeiro ano de efetivo exercício, adquirirá o policial direito a férias, as quais corresponderão ao ano em que se completar esse período.

Art. 44 – é vedado levar à conta de férias qualquer falta ao trabalho.

Art. 45 – Excepcionalmente, em razão da natureza do serviço, serão concedidas férias, com início em um exercício e término no seguinte, bem como parceladas em períodos de dez e quinze dias.

Art. 46 – Obrigatoriamente, quando ocorrer movimentação do servidor, deverá ser comunicada a seu novo chefe a sua situação sobre o período de férias.

Comentários realizados no Art. 29 do Decreto Lei 218 de 1975.

Seção II
DAS LICENÇAS
Subseção I
DAS DISPOSIÇÕES EM GERAIS

Art. 47 – Conceder-se-á licença:

I – Para tratamento de saúde;
II – Por motivo de doença em pessoa da família;
III – Para repouso à gestante;
IV – Para serviço militar;
V – Para acompanhar o cônjuge;
VI – A título de prêmio;
VII – Para desempenho de mandato legislativo ou executivo.

Art. 48 – Salvo os casos previstos nos incisos IV, V e VII (**Licenças para serviço militar, para acompanhar o cônjuge e para desempenho de mandato legislativo ou executivo**) do artigo anterior, o policial **não poderá permanecer em licença por prazo superior a vinte quatro meses**;

§ 1º – Excetua-se do prazo estabelecido neste artigo, a licença para tratamento de saúde, quando o policial for considerado recuperável a juízo da **junta médica**.

Obs.: Junta médica deve ser composta por no mínimo 3 médicos.

- *Artigo 98, § 1º do Decreto 2479/79.*

§ 2º – Nas licenças dependentes de inspeção médica, expirado o prazo deste artigo e ressalvada a hipótese referida no parágrafo anterior, o policial será submetido a nova inspeção, que concluirá pela sua volta ao serviço, pela sua readaptação, ou pela aposentadoria, se for julgado definitivamente inválido para o serviço público policial.

Art. 49 – As licenças previstas nos incisos I, II e III (Licenças para tratamento de saúde, Por motivo de doença em pessoa da família e Para repouso à gestante) do artigo 47 serão concedidas pelo órgão médico oficial ou por outros, aos quais aquele transferir ou delegar atribuições, e pelo prazo indicado nos repetidos laudos.

Artigo 99 do Decreto 2479/79.

§ 1º – estando o policial ou pessoa de sua família absolutamente impossibilitado de locomover-se e não havendo na localidade qualquer dos órgãos referidos neste artigo, poderá ser admitido laudo expedido por órgão médico de outra entidade pública e, na falta, atestado passado por médico particular com firma reconhecida.

Artigo 99, § 1º do Decreto 2479/79.

§ 2º – Nas hipóteses referidas no parágrafo anterior, o laudo ou atestado deverá ser encaminhado ao órgão médico competente, **no prazo máximo de três dias contados da primeira falta ao serviço médico;** a licença respectiva somente será considerada concedida com a homologação do laudo ou atestado, a qual será sempre publicada.

Artigo 99, § 2º do Decreto 2479/79.

§ 3º – Será facultado ao órgão competente, em caso de dúvida razoável, exigir nova inspeção por outro médico ou junta oficial.

Artigo 99, § 3º do Decreto 2479/79.

§ 4º – No caso de o laudo ou atestado não ser homologado, o policial será obrigado a reassumir o exercício do cargo, **dentro de três dias contados de publicação do despacho ou ciência nos autos**, sendo considerados como de efetivo exercício os dias em que deixou de comparecer ao serviço por esse motivo.

Artigo 99, § 4º do Decreto 2479/79.

§ 5º – Se, na hipótese do parágrafo anterior, a não homologação decorrer de falsa afirmativa por parte do médico atestante, os dias de ausência do funcionário serão tidos como falta ao serviço, sujeitos, um e outro, a processo administrativo disciplinar, que apurará e definirá responsabilidade; caso o médico atestante não esteja vinculado ao Estado, para fins disciplinares este comunicará o fato ao Ministério Público ou a Conselho Regional de Medicina em que seja inscrito.

Artigo 99, § 5º do Decreto 2479/79.

Art. 50 – A licença poderá ser prorrogada "ex-ofício" ou a pedido.

Artigo 101 do Decreto 2479/79.

§ 1º – O pedido de prorrogação deverá ser apresentado antes de findo o prazo de licença; se indeferido, contar-se-á como de licença o período compreendido entre a data do término e a da publicação do despacho.

Artigo 101, § 1º do Decreto 2479/79.

§ 2º – A licença concedida dentro de sessenta dias, contados do término da anterior, será, a critério médico, considerada como sua prorrogação.

Artigo 101, § 2º do Decreto 2479/79.

Obs.: Caso a licença concedida dentro do prazo de 60 dias do término da licença anterior seja, a critério médico concedida como sua prorrogação, e contabilize como lapso temporal transcorrido período superior a 90 dias irá influir no período de tempo para aquisição do direito ao gozo de Licença prêmio, e possivelmente a necessidade de inspeção por junta médica de acordo com o artigo 129, § 1º, 3 do Decreto 2479/79.

Art. 51 – Ressalvada a hipótese de faltas por motivo de doença comprovada, inclusive em pessoa da família, **até o máximo de três, durante o mês**, o tempo necessário à inspeção médica será considerado como de licença.

Artigo 79, XIX do Decreto 2479/79.

§ 1º – Considerando apto o policial ou pessoas de sua família, reassumirá ele o exercício, sob pena de serem computados como faltas os dias de ausência ao serviço.

Artigo 102, § 1º do Decreto 2479/79.

§ 2º – Se da inspeção ficar constatada simulação do policial, as ausências serão havidas como faltas ao serviço e o fato será comunicado ao órgão de pessoal, para as providências disciplinares cabíveis.

Artigo 102, § 2º do Decreto 2479/79.

Art. 52 – Ao policial provido em comissão, ou designado para função gratificada, não concederão, nesta qualidade, as licenças referidas nos incisos IV, V, VI e VII do artigo 47.

Artigo 103 do Decreto 2479/79.

Art. 53 – No processamento das licenças dependentes de inspeção médica, será observado o devido sigilo sobre os respectivos laudos e atestados.

Art. 54 – A licença **superior a noventa dias**, para tratamento de saúde e por motivo de doença em pessoa da família, dependerá a inspeção por **junta médica**.

Artigo 105 do Decreto 2479/79.

Obs.: *Junta médica deve ser composta por no mínimo 3 médicos.*

§ 1º – No curso das licenças a que se refere este artigo o policial abster-se--á de qualquer atividade remunerada, sob pena de interrupção de licença, com perda total do vencimento e demais vantagens, até que reassuma o exercício do cargo.

§ 2º – Os dias correspondentes à perda de vencimento, de que trata o parágrafo anterior, serão considerados como faltas ao serviço.

Artigo 105, § único do Decreto 2479/79.

Art. 55 – O policial licenciado comunicará ao chefe imediato o local onde pode ser encontrado.

Artigo 108 do Decreto 2479/79.

Subseção II
LICENÇA PARA TRATAMENTO DE SAÚDE

Art. 56 – A licença para tratamento de saúde será concedida, ou prorrogada, "ex-ofício" ou a pedido do policial ou de seu representante, quando não possa ele fazê-lo.

- Artigo 110 do Decreto 2479/79.

- Artigo 19, I do Decreto Lei 220/75.

§ 1º – Em qualquer dos casos é indispensável a inspeção médica que será realizada, sempre que necessária, no local onde se encontrar o policial.

Artigo 110, § 1º do Decreto 2479/79.

§ 2º – Incumbe à chefia imediata promover a apresentação do policial à inspeção médica, sempre que este a solicitar.

Artigo 110, § 2º do Decreto 2479/79.

Art. 57 – O policial não reassumirá o exercício do cargo, sem nova inspeção médica, quando a licença concedida assim o tiver exigido; realizada esta nova inspeção, o respectivo atestado ou laudo médico concluirá pela volta ao serviço, pela prorrogação da licença, pela readaptação do policial ou pela sua aposentadoria.

Artigo 111 do Decreto 2479/79.

Art. 58 – Em caso de doença grave, contagiosa ou não, que imponha cuidados permanentes, poderá a junta médica, se considerar o doente irrecuperável, determinar, como resultado da inspeção, sua imediata aposentadoria.

Artigo 112 do Decreto 2479/79.

Parágrafo Único – A inspeção, para os efeitos deste artigo, será realizado obrigatoriamente por uma junta composta de pelo menos três médicos.

Artigo 112, § único do Decreto 2479/79.

Art. 59 – O policial que se recusar à inspeção médica ficará impedido do exercício de seu cargo, até que se verifique a inspeção.

Artigo 113 do Decreto 2479/79.

Parágrafo Único – Os dias em que o policial, por força do disposto neste artigo, ficar impedido do exercício do cargo, serão tidos como faltas ao serviço.

Artigo 113, § único do Decreto 2479/79.

Art. 60 – No curso da licença, poderá o policial requerer inspeção médica, caso se julgue em condições de reassumir o exercício ou de ser aposentado.

Artigo 114 do Decreto 2479/79.

Art. 61 – Quando a licença para tratamento de saúde for concedida em decorrência de acidente em serviço ou de doença profissional, esta circunstância se fará expressamente consignada.

Artigo 115 do Decreto 2479/79.

Art. 62 – Considera-se acidente em serviço, para os efeitos deste Regulamento, aquele que ocorra com policial civil da ativa, quando:

I – No exercício de suas atribuições policiais, durante o expediente normal, ou quando determinado por autoridade competente, em sua prorrogação ou antecipação;

II – No decurso de viagens em objetivo de serviço, previsto em regulamentos, programas de cursos ou autorizadas por autoridade competente;.

III – No cumprimento de ordem emanada de autoridade competente;

IV – No decurso de viagens impostas por remoções;

V – No deslocamento entre a sua residência e o órgão em que estiver lotado ou local de trabalho, ou naquele em que sua missão deva ter início ou prosseguimento e vice-versa; bem como o dano resultante da agressão não provocada, sofrida pelo policial no desempenho do cargo ou em razão dele;

VI – Em ocorrência policial, na defesa e manutenção da ordem pública mesmo sem determinação explícita;

VII – No exercício dos deveres previstos em leis, regulamentos ou instruções baixadas por autoridade competente.

§ 1º – Aplica-se o disposto neste artigo ao policial que, embora aguardando a aposentadoria, esteja, comprovadamente, transmitindo o exercício de suas funções ao seu substituto, bem como ao policial inativo, quando retorne à atividade.

§ 2º – Considera-se também acidente em serviço, para os fins estabelecidos na legislação vigente, os ocorridos nas situações do § 1º, ainda quando não sejam eles a causa única e exclusiva da morte ou da perda ou redução da capacidade do policial, desde que, entre o acidente e a morte ou incapacidade para o serviço policial, haja relação de causa e efeito.

§ 3º – Considera-se acidente em serviço todo aquele que se verifique pelo exercício das atribuições do cargo, provocando, direta ou indiretamente lesão corporal, perturbações funcional ou doença que determine a morte; a perda total ou parcial permanente ou temporária, da capacidade física ou mental para o trabalho.

Artigo 115 § 1º do Decreto 2479/79.

§ 4º – Não se aplica o disposto no presente Regulamento quando o acidente for resultado de transgressão disciplinar, imprudência ou desídia do policial acidentado ou de subordinado seu, com sua aquiescência.

§ 5º – A autoridade policial competente, nos casos previstos neste artigo, fará registro minucioso do fato, no qual deverá consignar todas as provas colhidas, encaminhando expediente relativo ao apurado do órgão de pessoal da Secretaria, para fim de instauração de sindicância, a ser concluída no **prazo de oito dias**, prorrogável por igual período, quando as circunstâncias o exigirem.

Artigo 115 § 3º do Decreto 2479/79.

§ 6º – Ao policial ocupante de cargo em comissão ou função gratificada aplicar-se-á o disposto neste artigo.

Art. 63 – A licença para tratamento de saúde será concedida sempre com vencimentos e vantagens integrais.

- Artigo 116 do Decreto 2479/79.

Obs.: de acordo com o Artigo 115 do Decreto 2479/79 em seu § 5º, a prova pericial da relação de causa e efeito a que se entende por doença profissional, será produzida por junta médica oficial (no mínimo 3 médicos).

Subseção III
LICENÇA POR MOTIVO DE DOENÇA EM PESSOA DA FAMÍLIA

Art. 64 – O policial poderá requerer licença por motivo de doença na pessoa de ascendente, descendente, colateral, consanguíneo ou afins, até o 2º grau civil, cônjuge do qual não esteja legalmente separado, ou pessoa que viva às suas expensas e conste do respectivo assentamento individual, desde que prove ser indispensável sua assistência pessoal e esta não possa ser prestada simultaneamente com o exercício do cargo.

- Artigo 117 do Decreto 2479/79.

- Artigo 19, II do Decreto Lei 220/75.

Art. 65 – A licença referida no artigo anterior poderá ser prorrogada, a pedido do policial.

Artigo 118 do Decreto 2479/79.

Art. 66 – A licença de que trata esta subseção não poderá exceder de vinte e quatro meses e será concedida com vencimentos e vantagens integrais nos primeiros doze meses e com dois terços nos outros doze meses subsequentes.

- Artigo 119 do Decreto 2479/79.

Obs.: nos 12 primeiros meses recebe integral, computados como de efetivo exercício, nos 12 meses subsequentes receberá 2/3 de sua remuneração, sendo este último período não considerado como efetivo exercício de acordo com o artigo 79, IX do Decreto 2479/79.

Subseção IV
LICENÇA PARA REPOUSO GESTANTE

Art. 67 – À policial gestante será concedida licença pelo prazo de quatro meses.

Obs.: Atenção!! De acordo com a Lei Complementar nº 128 de 2009, nova redação foi dada ao artigo 120 do Decreto 2479/79 que passou a dispor que à servidora pública será concedida licença pelo prazo de seis meses, prorrogável, no caso de aleitamento materno, por no mínimo 30 dias e no máximo noventa dias, mediante apresentação de laudo médico circunstanciado emitido pelo serviço de perícia médica oficial do Estado, podendo retroagir sua prorrogação até 15 dias, a partir da data do referido laudo.

Parágrafo único – Salvo prescrição médica em contrário, a licença será concedida a partir do **oitavo mês** de gestação.

Artigo 120, § 1 do Decreto 2479/79.

Art. 68 – À policial gestante, quando em serviço incompatível com seu estado, serão cometidos encargos diversos daqueles que estiver exercendo, respeitadas as atribuições da série de classes e que pertencer.

Artigo 121 do Decreto 2479/79.

Art. 69 – A licença de que trata esta subseção será concedida com vencimentos e vantagens integrais.

Artigo 122 do Decreto 2479/79.

Subseção V
LICENÇA PARA SERVIÇO MILITAR

Art. 70 – Ao policial que for convocado para serviço militar ou outro encargo de segurança nacional, será concedida licença pelo prazo que durar a sua incorporação ou convocação.

- Artigo 123 do Decreto 2479/79.

- Artigo 19, IV do Decreto Lei 220/75.

§ 1º – A licença será concedida à vista de documento oficial que comprove a incorporação ou convocação.

Artigo 123, § 1 do Decreto 2479/79.

§ 2º – Do vencimento descontar-se-á a importância que o policial percebe na qualidade de incorporado, salvo se optar pelas vantagens do serviço militar.

Artigo 123, § 2 do Decreto 2479/79.

§ 3º – Ao policial desincorporado ou desconvocado conceder-se-á prazo, não excedente de trinta dias para que reassuma o exercício, sem perda de vencimento.

Artigo 123, § 3 do Decreto 2479/79.

Art. 71 – Ao policial oficial da reserva das Forças Armadas será também concedida a licença referida no artigo anterior durante os estágios previstos pelos regulamentos militares.

Artigo 124 do Decreto 2479/79.

Parágrafo Único – Quando o estágio for remunerado, assegurar-se-lhe-á o direito de opção.

Artigo 124, § único do Decreto 2479/79.

Subseção VI
LICENÇA PARA ACOMPANHAR O CÔNJUGE

Art. 72 – O policial casado terá direito à licença sem vencimento, quando seu cônjuge for exercer mandato eletivo ou, sendo militar ou servidor da administração direta, de autarquia, de empresa pública, de sociedade de economia mista ou de fundação instituída pelo Poder Público, for mandado servir, "ex-ofício", em outro ponto do território estadual, nacional ou no exterior.

- Artigo 125 do Decreto 2479/79.

- Artigo 19, V do Decreto Lei 220/75.

Obs.: Insta salientar que, pela análise do Artigo 19, V, última parte do Decreto Lei 220/79, o servidor terá direito a gozar de tal licença mesmo seu cônjuge não sendo servidor público. Basta apresentar documentos que comprovem que seu cônjuge fora designado de ofício pela empresa empregadora a desenvolver suas atividades laborais em outra localidade nos moldes do artigo.

Fonte: Processo E09/337/1/2018

Parágrafo único – Existindo no novo local de residência órgão estadual, o policial nele será lotado, havendo claro, ou não havendo poderá ser-lhe concedida, em caso de interesse de administração, permissão de exercício, enquanto ali durar sua permanência.

Artigo 125, § único do Decreto 2479/79.

Art. 73 – A licença dependerá de pedido devidamente instruído, que deverá ser renovada de dois em dois anos; finda a sua causa, o policial deverá reassumir o exercício, dentro de trinta dias, a partir dos quais a sua ausência será computada como falta ao trabalho.

Artigo 126 do Decreto 2479/79.

Art. 74 – Independentemente do regresso do cônjuge, o policial poderá reassumir o exercício a qualquer tempo, não podendo, neste caso, renovar o pedido de licença senão depois de dois anos da data da reassunção, salvo se o cônjuge for transferido novamente.

Artigo 127 do Decreto 2479/79.

Art. 75 – As normas desta subseção aplicam-se aos policiais que vivam maritalmente, desde que haja impedimento legal ao casamento e convivência por mais de cinco anos.

Subseção VII
LICENÇA A TÍTULO DE PRÊMIO

Art. 76 – Após cada quinquênio de efetivo exercício prestado ao Estado, ao policial que a requerer, conceder-se-á licença-prêmio de **três meses** com todos os direitos e vantagens de seu cargo efetivo.

- *Artigo 129 do Decreto 2479/79.*
- *Artigo 19, VI do Decreto Lei 220/75.*

§ 1º – Não será concedida licença-prêmio se houver policial, no quinquênio correspondente:

1 – sofrido pena de suspensão ou de multa;

2 – faltado ao serviço, salvo se abonada a falta;

3 – gozado as licenças para tratamento de saúde, por motivo de doença em pessoa da família e por motivo de afastamento do cônjuge, **por prazo superior a noventa dias, em cada caso.**

Artigo 129, § 1º do Decreto 2479/79.

§ 2º – Suspender-se-á, até o limite de noventa dias, em cada uma das licenças referidas no item 3 do parágrafo anterior, a contagem do tempo de serviço para efeito de licença-prêmio.

- *Artigos 129, § 2º e 183, § 2º do Decreto 2479/79.*

- *Artigo 19, VI do Decreto Lei 220/75.*

§ 3º – O gozo da licença para repouso à gestante não prejudicará contagem do tempo de serviço para efeito da licença-prêmio.

Artigo 129, § 3º do Decreto 2479/79.

§ 4º – Para apuração do quinquênio, computar-se-á, também, o tempo de serviço prestado anteriormente em outro cargo estadual, desde que entre um e outro não haja interrupção do exercício.

Artigo 129, §4º do Decreto 2479/79.

Obs.: De acordo com a redação dada pela Lei Complementar 128 de 2009, o § 5º do artigo 129 do Decreto 2479/79 garante a servidora pública em gozo da licença maternidade ou aleitamento materno será concedida, imediatamente após o término das mesmas, licença prêmio a que tiver direito, mediante requerimento da servidora.

Art. 77 – O direito à licença-prêmio não tem prazo para ser exercitado.

Artigo 130 do Decreto 2479/79.

Art. 78 – A competência para a concessão de licença-prêmio é do Diretor do Departamento de Administração da Secretaria de Estado da Polícia Civil.

Art. 79 – O policial investido em cargo de provimento em comissão ou função gratificada será licenciado com o vencimento e vantagens do cargo de que seja ocupante efetivo.

Artigo 130 do Decreto 2479/79.

Art. 80 – Quando o policial ocupar em comissão ou função gratificada por mais de cinco anos, apurados na forma do art. 76, assegurar-se-lhe-á, no gozo da licença, importância igual à que venha percebendo pelo exercício no cargo em comissão ou da função gratificada.
Parágrafo único – Adquirido o direito à licença-prêmio, de acordo com o estabelecido neste artigo, a ulterior exoneração do cargo em comissão ou

dispensa da função gratificada, não prejudicará a forma de remuneração nele adotada, quando do efetivo gozo da licença pelo policial.

Art. 81 – Em caso de acumulação de cargos, a licença-prêmio será concedida em relação a cada um deles, simultânea ou separadamente.

Artigo 134 do Decreto 2479/79.

Parágrafo Único – Se independente o cômputo do quinquênio em relação a cada um dos cargos acumulados.

Artigo 134, § único do Decreto 2479/79.

Art. 82 – A licença-prêmio poderá ser gozada integralmente, ou em períodos de um a dois meses.

Artigo 135 do Decreto 2479/79.

Parágrafo único – Se a licença for gozada em períodos parcelados, deve ser observado intervalo obrigatório de um ano entre o término de um período e o início de outro.

Artigo 135, § único do Decreto 2479/79.

Art. 83 – O policial poderá, a qualquer tempo, reassumir o exercício do seu cargo, condicionado o gozo dos dias restantes da licença à regra contida no artigo anterior.

Artigo 136 do Decreto 2479/79.

Parágrafo único – Se, na interrupção da licença, se verificar que o policial gozou período não conforme o disposto no artigo 82, o prazo restante da licença, referente ao mesmo quinquênio, qualquer que seja ele, ficará insuscetível de gozo, sendo computável em dobro apenas para efeito de aposentadoria.

Obs.: A interpretação do Artigo 40, § 10 da CF/88 incluído pela emenda o constitucional 19 de 1998 que diz: A lei não poderá estabelecer qualquer forma de contagem de tempo de contribuição fictício, nos revela que, desde logo, proibiu sem nenhuma ressalva o contabilização em dobro do tempo de licença prêmio não gozada, entrando em choque com a presente legislação, a não ser que o servidor já houvesse, em 16 de dezembro de 1998 implementado o tempo necessário de serviço à aposentadoria, sendo esta a única hipótese em que lhe foi reconhecido o direito adquirido ao cômputo em dobro do período de licença prêmio ainda não usufruído.

Art. 84 – é vedado descontar de licença-prêmio, faltas ao serviço ou qualquer licença concedida ao policial.

Artigo 137 do Decreto 2479/79.

Subseção VIII
LICENÇA PARA DESEMPENHO DE MANDATO LEGISLATIVO OU EXECUTIVO

Art. 85 – O policial será licenciado sem vencimentos ou vantagens de seu cargo efetivo, para desempenho de mandato eletivo, federal ou estadual.

Parágrafo único – A licença a que se refere este artigo será concedida a partir da diplomação do eleito, pela Justiça Federal e perdurará pelo prazo do mandato.

- Artigo 138 do Decreto 2479/79.

- Artigo 19, VII do Decreto Lei 220/75.

- Artigo 38 da CF/88.

Art. 86 – O policial investido no mandato eletivo de prefeito ficará licenciado desde a diplomação pela Justiça Eleitoral até o término do mandato, sendo-lhe facultado optar pela percepção do vencimento e vantagens de seu cargo efetivo.

Artigo 139 do Decreto 2479/79.

Art. 87 – Quando o policial for nomeado governador de território federal, interventor ou prefeito de Capital ou Município de área de Segurança Nacional ou estância hidromineral, ficará, desde a posse, licenciado sem vencimento e vantagens do seu cargo efetivo, ressalvado, para âmbito Municipal, o direito de opção pela remuneração do cargo efetivo.

Artigo 140 do Decreto 2479/79.

Art. 88 – Investido o policial no mandato de vereador e havendo compatibilidade de horários, perceberá o vencimento e as vantagens de seu cargo, sem prejuízo dos subsídios a que faz jus; inexistindo compatibilidade, ficará afastado do exercício de seu cargo, sem percepção do vencimento e vantagens.

- Artigo 140 do Decreto 2479/79.

- Artigo 38, III da CF/88.

Capítulo III
DAS VANTAGENS

Seção I
DISPOSIÇÕES GERAIS

Art. 89 – Além do vencimento, poderá o policial perceber as seguintes vantagens pecuniárias:

Art. 142 do Decreto 2479/79 – *Vencimento é a retribuição pelo efetivo exercício do cargo, correspondente à referência ou símbolo fixado em lei.*

I – adicional por tempo de serviço;

II – gratificações;

III – ajuda de custo e transporte ao policial mandado servir em nova sede;

IV – diárias àquele que, em objeto de serviço, se deslocar eventualmente da sede.

Artigo 149 do Decreto 2479/79.

Seção II
ADICIONAL POR TEMPO DE SERVIÇO

Art. 90 – O adicional por tempo de serviço é o percentual calculado sobre o vencimento-base de cargo efetivo, **a que faz jus o policial, por quinquênio de efetivo exercício, decorrente de antiguidade no serviço público, apurado na forma do título IX.**

§ 1º – **A cada quinqu**ênio de efetivo exercício, corresponderá um grau de progressão horizontal até o limite de sete graus.

§ 2º – O regime de quinquênio prevalecerá somente para o ingresso de novos servidores na carreira policial.

§ 3º – Ficam assegurados os direitos adquiridos pelos policiais ao **recebimento de triênios ou de quinqu**ênios, segundo o Estado de origem, quando ainda percebidos na data da entrada em vigor do novo regime de adicional de tempo de serviço.

§ 4º – A cada triênio de efetivo exercício corresponderá um grau de progressão horizontal até o limite de nove graus.

§ 5º – O percentual correspondente a cada **quinquênio ou triênio será de 5% do vencimento-base do policial até o limite máximo de 35% ou 50%, respectivamente, de conformidade com o §§** 2º e 3º deste artigo.

§ 6º – A progressão horizontal é devida a partir do dia imediato àquele em que o po**licial completar o triênio ou quinqu**ênio e será concedido independentemente de requerimento do interessado.

Obs.: *O regime hoje em vigor é o de triênios para todo o funcionalismo e a Lei nº 1600, de 15-01-90, estabeleceu o percentual de 60% como limite.*

Seção III
GRATIFICAÇÕES

Art. 91 – Conceder-se-á gratificação:

I – de função;
II – pelo exercício de cargo em comissão;
III – de representação de Gabinete;
IV – pela participação em órgão de deliberação coletiva;

a) encargo auxiliar ou membro de banca ou comissão examinadora de concurso;
b) encargo de auxiliar ou professor em curso oficialmente instituído.

Artigo 151 do Decreto 2479/79.

Subseção I
GRATIFICAÇÃO DE FUNÇÃO

Art. 92 – A gratificação de função de chefia, assistência intermediária e secretariado é aquela definida no parágrafo único do artigo 9 (deste Regulamento e correspondente ao exercício de função gratificada, instituída e remunerada na forma que se dispuser em lei.

Artigo 152 do Decreto 2479/79.

Art. 93 – A gratificação será mantida nos casos de afastamentos previstos nos incisos I, II, VII, VIII, X, XI, XII, XIII, XIV, XV, XVII, exceto convocação para o serviço militar, e XIX, todos do artigo 259.

Artigo 153 do Decreto 2479/79.

Parágrafo único – Na hipótese do afastamento do inciso VI do artigo 259, obedecer-se-á, quando for o caso, ao disposto no artigo 80.

Artigo 153, § único do Decreto 2479/79.

Art. 94 – Além do exercício de função gratificada regularmente instituída, poderá ser atribuída, na forma de regulamentação específica, gratificação de função a funcionários que desempenhem atividades especiais ou excedentes às atribuições do seu cargo, vedado o seu recebimento cumulativo com as gratificações específicas das funções de confiança.

Artigo 155 do Decreto 2479/79.

Subseção II
DA GRATIFICAÇÃO PELO EXERCÍCIO DE CARGO EM COMISSÃO

Art. 95 – A gratificação pelo exercício de cargo em comissão é aquela definida no art. 7º deste Regulamento e correspondente a 70% do valor fixado para o cargo em comissão, que será paga juntamente com o vencimento e vantagens do cargo efetivo, quando o policial não optar pelo vencimento deste.

Artigo 156 do Decreto 2479/79.

§ 1º – Quando a opção não recair sobre o vencimento do cargo efetivo, perceberá o policial integralmente o valor correspondente ao símbolo do cargo em comissão.

§ 2º – À gratificação de que trata este artigo, aplica-se o disposto no parágrafo único do artigo 122.

Subseção III
DA GRATIFICAÇÃO DE REPRESENTAÇÃO DE GABINETE

Art. 96 – A gratificação de representação de gabinete é a que tem por fundamento a compensação de despesas de apresentação inerentes ao local do exercício ou à remuneração de encargos especiais.

Artigo 166 do Decreto 2479/79.

Art. 97 – A gratificação será concedida aos policiais em exercícios no gabinete do Secretário de Estado da Polícia Civil que, a critério deste, assim devam ser remunerados.

§ 1º – O valor global da gratificação será aprovado pelo Governador, ouvida a Secretaria de Planejamento e Coordenação Geral quanto aos aspectos orçamentários e financeiros.

§ 2º – O valor individual da gratificação será fixado em tabela aprovada pelo Secretário de Estado da Polícia Civil, não podendo exceder a 50% do cargo efetivo do policial.

Art. 98 – A gratificação de representação de gabinete não será suspensa nos afastamentos seguintes:

I – férias;

II – casamento;

III – luto;

IV – júri e outros serviços obrigatórios por lei;

V – licença para tratamento de saúde e repouso à gestante;

VI – falta até o máximo de três dias durante o mês, por motivo de doença comprovada, inclusive quando em pessoa da família.

Artigo 168 do Decreto 2479/79.

Subseção IV
GRATIFICAÇÃO DE PARTICIPAÇÃO EM ÓRGÃO DE DELIBERAÇÃO COLETIVA

Art. 99 – A gratificação pela participação em órgão de deliberação coletiva destina-se a remunerar a presença dos componentes dos órgãos colegiados regularmente instituídos.

Artigo 169 do Decreto 2479/79.

§ 1º – A gratificação de que trata este artigo será fixada por Resolução, em base percentual, calculada sobre o valor do símbolo de cargo efetivo ou em comissão ou função gratificada, e paga por dia de presença às sessões do órgão colegiado.

Artigo 169, § 1º do Decreto 2479/79.

§ 2º – Não serão remuneradas as sessões que excederem o número de 12 por mês.

Artigo 169, § 2º do Decreto 2479/79.

Art. 100 – é vedada a participação do policial em mais de um órgão de deliberação coletiva, salvo quando na condição de membro nato.

Artigo 170 do Decreto 2479/79.

Parágrafo único – Quando o policial for membro nato de mais de um órgão de deliberação coletiva, poderá optar pela gratificação de valor mais elevado.

Artigo 170, § único do Decreto 2479/79.

Art. 101 – A gratificação pela participação em órgão de deliberação coletiva é acumulável com quaisquer outras vantagens pecuniárias atribuídas ao policial.

Artigo 171 do Decreto 2479/79.

Parágrafo único – Durante os afastamentos legais do titular, apenas o suplente perceberá a gratificação pela participação em órgão de deliberação coletiva.

Artigo 171, § único do Decreto 2479/79.

Subseção V
GRATIFICAÇÃO DE PARTICIPAÇÃO EM BANCA EXAMINADORA DE CONCURSO OU PROFESSOR EM CURSO OFICIALMENTE INSTITUÍDO

Art. 102 – Pelo exercício de encargo de auxiliar ou membro de banca ou comissão examinadora de concurso ou de atividade temporária de auxiliar ou professor de curso oficialmente instituído, ao policial será atribuída gratificação conforme o estabelecido nesta subseção.

Artigos 169 e 358 do Decreto 2479/79.

Art. 103 – Entende-se como encargo de membro de banca ou comissão examinadora de concurso a tarefa desempenhada, por designação de autoridade competente, no planejamento, organização e aplicação da provas, correção e apuração dos resultados, revisão e decisão dos recursos interpostos, até a classificação definitiva, nos concursos, provas de seleção ou de habilitação e ascensão pela Academia de Polícia, para provimento de cargos, preenchimentos de empregos ou admissão a cursos oficialmente instituídos.

Artigo 173 do Decreto 2479/79.

Art. 104 – Professor de curso oficialmente instituído é o designado pela autoridade competente, para exercer atividade temporária de magistério nas áreas de treinamento e aperfeiçoamento de pessoa.

Artigo 174 do Decreto 2479/79.

Art. 105 – Somente policiais civis (ativos e inativos) e, excepcionalmente, os membros do Ministério Público, Magistratura e Técnicos, de reconhecido saber, poderão ser designados para exercer atividades temporárias de auxiliar de ensino ou professor e membro de banca ou comissão examinadora de concurso.

Artigo 175 do Decreto 2479/79.

Art. 106 – A gratificação pelo exercício de atividade temporária de auxiliar ou professor de curso oficialmente instituído somente será atribuída ao policial, se o trabalho for realizado além das horas de expediente a que está sujeito.

Artigo 176 do Decreto 2479/79.

Art. 107 – As gratificações de que trata esta subseção serão arbitradas, em cada caso, pelo Governador, proposta pelo Secretário de Estado da Polícia Civil.

Artigo 177 do Decreto 2479/79.

Art. 108 – A concessão das gratificações de que trata esta subseção não prejudicará a percepção cumulativa de outras vantagens pecuniárias atribuídas ao Policial.

Artigo 178 do Decreto 2479/79.

Seção IV
DA AJUDA DE CUSTO E TRANSPORTE

Art. 109 – Será concedida ajuda de custo, a título de compensação das despesas de viagens, mudanças e instalação, ao policial que, em razão de remoção, tenha que deslocar efetivamente sua residência.

Artigo 179 do Decreto 2479/79.

Parágrafo único – Considerar-se-á necessária a transferência de residência quando o policial for removido para unidade distante **mais de 100 km de sua atual residência.**

Art. 110 – A ajuda de custo será arbitrada pelo Secretário de Estado da Polícia Civil e nunca inferior a uma e nem superior a três vezes a importância correspondente ao vencimento do policial, salvo quando se tratar de missão exterior.

§ 1º – No arbitramento da ajuda de custo serão levados em conta o vencimento do cargo do policial designado para nova sede ou missão no exterior, as despesas a serem por ele realizadas, bem como as condições de vida no local do novo exercício ou no desempenho de missão.

§ 2º – Compete ao Governador arbitrar a ajuda de custo a ser paga ao policial designado par missão no exterior.

Art. 111 – Sem prejuízo das diárias que lhe couberem o policial obrigado a permanecer fora da sede de sua unidade administrativa, em objeto de serviço, por mais de **trinta dias**, perceberá ajuda de custo correspondente a um mês do vencimento do seu cargo.

Artigo 181 do Decreto 2479/79.

Parágrafo único – A ajuda de custo será calculada sobre o valor atribuído ao símbolo do cargo em comissão, quando o seu ocupante não for também de cargo efetivo.

Artigo 181, § único do Decreto 2479/79.

Art. 112 – Não se concederá ajuda de custo:

I – ao policial que, em virtude de mandato legislativo ou executivo, deixar ou reassumir o exercício do cargo;

II – ao policial posto a serviço de qualquer outra entidade do direito público;

III – quando a designação para a nova sede se der a pedido.

Artigo 182 do Decreto 2479/79.

Art. 113 – O policial restituirá a ajuda de custo:

I – quando não se transportar para a nova sede ou local da missão, nos prazos determinados;

III – quando antes de decorridos três meses do deslocamento ou do término da incumbência, regressar, pedir exoneração ou abandonar o serviço;

Artigo 183 do Decreto 2479/79.

§ 1º – A restituição é de exclusiva responsabilidade do policial e não poderá ser feita parceladamente.

Artigo 183, § 1º do Decreto 2479/79.

§ 2º – O policial que houver percebido ajuda de custo não entrará em gozo de licença-prêmio antes de decorridos noventa dias de exercício na nova sede, ou e finda a missão.

Artigo 183, § 2º do Decreto 2479/79.

§ 3º – Não haverá obrigação de restituir:

1 – quando o regresso do policial for determinado "ex-ofício" ou decorrer de doença comprovada ou de motivo de força maior.

2 – quando o pedido de exoneração for apresentado após noventa dias de exercício na nova sede ou local da missão.

Artigo 183, § 2º do Decreto 2479/79.

Art. 114 – Independentemente da ajuda de custo, concedida ao policial, a este será assegurado transporte para a nova sede, inclusive para seus dependentes.

Artigo 184 do Decreto 2479/79.

§ 1º – O policial que utilizar condução própria no deslocamento para a nova sede fará jus, para indenização da despesa de transporte, à percepção da importância integral correspondente ao valor da tarifa rodoviária no mesmo percurso, acrescida de 50% do referido valor por dependente que o acompanhe até o máximo de três.

Artigo 184, § 1º do Decreto 2479/79.

§ 2º – Na hipótese do parágrafo anterior, a administração fornecerá passagens para o transporte rodoviário dos dependentes que comprovadamente não viajem em companhia do policial.

Artigo 184, § 2º do Decreto 2479/79.

Art. 115 – Nos deslocamentos a que se refere o art. 109 serão assegurados, ao policial removido para a nova sede, transporte do mobiliário e bagagens, inclusive de seus dependentes, assim considerados:

I – o cônjuge ou a companheira legalmente equiparada;

II – o filho de qualquer condição ou enteado, bem assim o menor que, mediante autorização judicial, viva sobre a guarda e o sustento do policial;

III – os pais, sem economia própria, que vivam às expensas do policial;

IV – em empregado, doméstico, desde que comprovada esta condição.

Artigo 186 do Decreto 2479/79.

§ 1º – Atingida a maioridade, os referidos no inciso II deste artigo perdem a condição de dependente, exceto a filha que se conservar solteira sem economia própria, o filho inválido e, até completar vinte e quatro anos quem for estudante, sem exercer qualquer atividade lucrativa.

Artigo 186, § 1º do Decreto 2479/79.

§ 2º – Para efeito do disposto neste artigo, sem economia própria significa não perceber rendimento em importância igual ou superior ao valor do salário mínimo vigente na região em que resida.

Artigo 186, § 2º do Decreto 2479/79.

Art. 116 – Em face da peculiaridade do serviço, poderá ser concedido o pagamento da indenização de despesa de transporte aos policiais que tenham assegurado o direito ao uso individual de viaturas oficiais e que utilizarem veículo próprio no desempenho de suas funções, conforme faixas de remuneração a serem definidas em Resolução do Secretário de Estado da Polícia Civil.

Artigo 187 do Decreto 2479/79.

Art. 117 – A autorização para utilização de veículos de propriedade do policial a serviço do Estado será de competência do Secretário de Estado da Polícia Civil, por intermédio do Departamento de Administração.

Artigo 188 do Decreto 2479/79.

Art. 118 – Concedida a autorização, o Estado não se responsabilizará por danos causados a terceiros ou ao veículo ainda que a ocorrência se verifique em serviço.

Artigo 189 do Decreto 2479/79.

Art. 119 – Quando convier, o Estado cancelará, em qualquer época, a retribuição da indenização de despesas de transporte, cuja concessão não gerará qualquer direto à continuidade da respectiva percepção.

Artigo 190 do Decreto 2479/79.

Art. 120 – É vedado o uso de viatura oficial por quem já seja portador de autorização para utilização de veículo particular a serviço do Estado.

Artigo 191 do Decreto 2479/79.

Parágrafo único – A infração do disposto neste artigo sujeita o policial às penalidades cabíveis, cancelando-se, ainda, a autorização concedida em seu favor.

Artigo 191, § 1º do Decreto 2479/79.

Art. 121 – Ao receber a autorização para utilização de veículo próprio, em serviço, o usuário assinará termo de compromisso no Departamento de Administração da Secretaria de Estado da Polícia Civil submetendo-se aos preceitos regulamentares da matéria.

Artigo 192 do Decreto 2479/79.

Seção V
DAS DIÁRIAS

Art. 122 – Ao policial que se deslocar, temporariamente, em objeto de serviço, da localidade onde estiver sediada sua unidade administrativa, conceder-se-á, além de transporte, diária a título de compensação das despesas de alimentação e pousada, ou, somente, de alimentação.

Artigo 193 do Decreto 2479/79.

Parágrafo único – A vantagem de que trata este artigo poderá também ser concedida ao servidor contratado, no exercício de função gratificada, bem como estagiário.

Obs.: A lei Complementar estadual 140 de 18/03/2011 extinguiu o Estágio Experimental no Estado do Rio de Janeiro.

Art. 123 – Será concedida diária:

I – de alimentação e pousada, nos deslocamentos superiores a 100 km de distância da sede, desde que o pernoite se realize por exigência do serviço:

II – de alimentação nos deslocamentos inferiores a 100 km e superiores a 50 km de distância da sede;

III – em qualquer outro caso:

a) de alimentação e pousada quando o afastamento da sede for inferior a oito horas;

b) de alimentação, quando o afastamento da sede for inferior a 18 (dezoito) e superior a 8 (oito) horas;

Artigo 194 do Decreto 2479/79.
A alínea "C", constante do texto original foi revogada pela Lei nº 330, de 30-06-80.

Art. 124 – O valor da diária resultará da incidência de percentual sobre o valor básico da UFERJ, atendida a tabela que for expedida por ato do Governador, observados, em sua elaboração, a natureza, o local, as condições de serviços e o vencimento do policial.

Artigo 195 do Decreto 2479/79.

Art. 125 – Não se concederá diárias:

I – durante o período de trânsito;
II – quando o deslocamento se constitui em exigência permanente do exercício do cargo ou da função;
III – quando o município para o qual se deslocar o policial seja contíguo ao da sua sede, constituindo-se, em relação a este, em unidade urbana e apresentado facilidade de transporte, ressalvada a hipótese da alínea "c" do inciso II do artigo 123.

Artigo 196 do Decreto 2479/79.

Art. 126 – Ao regressar a sede, o policial restituirá, dentro do **prazo de quarenta e oito horas**, as importâncias recebidas em excesso.

Artigo 197 do Decreto 2479/79.

Parágrafo único – O descumprimento do disposto neste artigo ocasionará o desconto em folha das importâncias recebidas em excesso pelo policial, sem prejuízo das sanções disciplinares aplicáveis à espécie.

Artigo 197, § único do Decreto 2479/79.

Art. 127 – A concessão indevida de diárias sujeitará a autoridade que as conceder à reposição da importância correspondente, aplicando-se-lhe, e ao policial que as receber, as cominações estatutárias pertinentes.

Artigo 198 do Decreto 2479/79.

Título V
DAS CONCESSÕES

Capítulo I
DAS DISPOSIÇÕES GERAIS

Art. 128 – Sem prejuízo do vencimento, direitos e vantagens, o policial poderá faltar ao serviço **até oito dias consecutivos**, por motivo de:

I – casamento;
II – falecimento do cônjuge, pais, filhos ou irmãos;

Parágrafo único – Computar-se-á, para efeitos deste artigo, os sábados, domingos e feriados compreendidos no período.

Artigo 225 do Decreto 2479/79.

Art. 129 – Ao licenciado para tratamento de saúde em virtude de acidente em serviço ou doença profissional, que deva ser deslocado de sua sede para qualquer ponto do território nacional, por exigência do laudo médico, será concedido transporte à conta dos cofres estaduais, inclusive para acompanhante.

Artigo 226 do Decreto 2479/79.

§ 1º – Será, ainda, concedido transporte à família do policial falecido no desempenho do serviço, fora da sede de seus trabalhos, inclusive quando no exterior.

Artigo 226, § 1º do Decreto 2479/79.

§ 2º – Correrão, também, por conta do Estado, as despesas com a remoção e com o sepultamento do policial falecido no desempenho do serviço.

Artigo 226, § 2º do Decreto 2479/79.

Art. 130 – Ao policial estudante matriculado em estabelecimento de ensino de qualquer grau, oficial ou reconhecido, será permitido faltar ao serviço, sem prejuízo de seu vencimento ou de quaisquer direito e vantagens, nos dias de provas ou de exames, mediante apresentação de atestado fornecido pelo respectivo estabelecimento.

- Artigo 227 do Decreto 2479/79.
- Artigo 11, X do Decreto Lei 220/75.

Art. 131 – Ao estudante que necessitar mudar de domicílio para passar a exercer o cargo ou função pública, será assegurada transferência do estabelecimento de ensino que estiver cursando, para outro de sua nova residência onde será matriculado em qualquer época, independentemente de vaga, se integrante do sistema estadual de ensino.

Artigo 228 do Decreto 2479/79.

Art. 132 – Os atos que deslocarem "ex-ofício" os policiais estudantes de uma para outras cidades ficarão suspensos se, na nova sede ou em localidade próxima, não existir estabelecimento congênere, oficial, reconhecido ou equiparado àquele em que o interessado esteja matriculado.

§ 1º – Efetivar-se-á o deslocamento se o policial concluir o curso, for reprovado, ou deixar de renovar sua matrícula.

§ 2º – Anualmente o interessado deverá fazer prova, perante o órgão setorial de pessoa a que esteja subordinado, de que está matriculado.

Artigo 229, §§ 1º 2º do Decreto 2479/79.

Art. 133 – O policial estudante matriculado em estabelecimento de ensino que não possua curso noturno, poderá, sempre que possível, ser aproveitado em serviços cujo horário não colida com o relativo ao período das aulas.

Artigo 230 do Decreto 2479/79.

Parágrafo único – Sendo impossível o aproveitamento a que se refere o presente artigo, poderá o estudante, com assentimento do respectivo chefe, iniciar o serviço uma hora depois do expediente ou dele se retirar uma hora antes do seu término, conforme o caso, desde que a compense, prorrogando ou antecipando o expediente normal.

Artigo 230, § único do Decreto 2479/79.

Art. 134 – O policial terá preferência, para sua moradia, na locação de imóvel pertencente ao Estado.

Artigo 231 do Decreto 2479/79.

Art. 135 – As concessões estabelecidas neste título aplicam-se:

I – aos servidores contratados no exercício de função gratificada, as constantes dos artigos 128, 129 e 130.
II – aos estagiários as dos artigos 128 e 129.

- Artigo 232 do Decreto 2479/79.

Obs.: A lei Complementar estadual 140 de 18/03/2011 extinguiu o Estágio Experimental no Estado do Rio de Janeiro.

Capítulo II
SALÁRIO-FAMÍLIA

Art. 136 – Salário-família é o auxílio pecuniário concedido pelo Estado ao policial na ativa ou inativo, como contribuição ao custeio das despesas de manutenção de sua família.

Parágrafo único – A cada dependente relacionado no artigo seguinte corresponderá uma cota de salário-família.

- *Artigo 233 do Decreto 2479/79.*
- *Artigo 33 do Decreto Lei 220/75.*
- *Artigo 39, § 3º da CF/88.*

Art. 137 – Conceder-se-á salário-família:

I – por filho menor de vinte e um anos, que não exerça atividade remunerada;

II – por filho inválido;

III – por filha solteira sem economia própria;

IV – por filha estudante que frequente curso médio ou superior e que não exerça atividade lucrativa, até a idade de 24 anos;

V – pelo ascendente, sem rendimento próprio, que viva às expensas do policial;

VI – pela esposa que não exerça atividade remunerada;

VII – pelo esposo que não exerça atividade remunerada por motivo de invalidez permanente;

VIII – pela companheira, mulher solteira, viúva, desquitada ou divorciada que não exerça atividade remunerada, que com ele coabite há mais de cinco anos, ou que com ele tenha filho que comprovadamente tenha direito a alimentação.

§ 1º – Compreende-se neste artigo o filho de qualquer condição, enteado, o adotivo e o menor que comprovadamente viva sob a guarda e o sustento do policial.

§ 2º – O disposto no inciso VIII deste artigo somente se aplica ao policial desquitado ou divorciado quando este não tenha o encargo de alimentar a ex-esposa.

§ 3º – A cada dependente relacionado neste artigo corresponderá a cota de salário-família.

Artigo 234 do Decreto 2479/79.

Art. 138 – Quando o pai e mãe forem policiais na ativa ou inativos, ou um for policial e outro funcionário estadual e viverem em comum, o salário-família será concedido exclusivamente ao pai.

§ 1º – Se não viverem em comum, será concedido ao que tiver os dependentes sob sua guarda; se ambos os tiverem, de acordo com a distribuição dos dependentes.

Artigo 235 do Decreto 2479/79.

§ 2º – Quando pai e mãe forem ambos funcionários ou servidores, um do Estado do Rio de Janeiro e outro de entidade diversa, o Estado pagará o salário-família ao seu funcionário **ainda que** o outro o perceba da entidade a que estiver vinculado.

Art. 139 – Ao pai e à mãe equiparam-se o padrasto e a madrasta e, na falta destes, os representantes legais dos incapazes ou os que, mediante autorização judicial, tenham sob sua guarda os dependentes a que se refere o artigo 137.

Artigo 236 do Decreto 2479/79.

Art. 140 – A cota de salário-família por filho inválido corresponderá ao triplo da cota normalmente paga aos demais dependentes.

Artigo 237 do Decreto 2479/79.

Art. 141 – O salário-família será pago independentemente da frequência do policial e não poderá sofrer qualquer desconto, nem ser objeto de transação ou consignação em folha de pagamento.

Artigo 238 do Decreto 2479/79.

Parágrafo único – O salário-família não está, também, sujeito a qualquer imposto ou taxa, nem servirá de base para qualquer contribuição, ainda que de finalidade previdenciária e assistencial.

Artigo 238, § único do Decreto 2479/79.

Art. 142 – O salário-família será pago mesmo nos casos em que o policial na ativa ou inativo deixar de receber o respectivo vencimento ou provento.

Artigo 232 do Decreto 2479/79.

Art. 143 – Nos casos de acumulação legal de cargos, o salário-família será pago somente em relação a um deles.

Artigo 240 do Decreto 2479/79.

Parágrafo único – No caso de acumulação de cargo público, emprego ou provento de servidor da Administração centralizada ou descentralizada estadual, exceto fundações, com idênticas situações de natureza federal, de outros Estados, ou municipal, o salário-família não deixará de ser pago pelo Estado do Rio de Janeiro ainda que a outra entidade a que se vincule o servidor também o pague.

Art. 144 – Em caso de falecimento do policial, na ativa ou inativo, o salário-família continuará a ser pago aos seus beneficiários.

Parágrafo único – Se o policial, na ativa ou inativo, falecido, não se houver habilitado ao salário-família, a Administração, mediante requerimento de seus beneficiários, providenciará o seu pagamento, desde que atendidos os requisitos necessários à concessão desse benefício.

Artigo 241 do Decreto 2479/79.

Art. 145 – O cancelamento do salário-família, será feito de ofício nos casos de implemento de idade pelo dependente, salvo se o policial, na ativa ou inativo, no caso de filho estudante que não exerça atividade remunerada apresentar comprovação de frequência em curso secundário ou superior, até trinta dias antes de completar vinte e um anos, anualmente, por ocasião da matrícula escolar, até que atinja vinte e quatro anos.

Artigo 242 do Decreto 2479/79.

Parágrafo único – O cancelamento será feito, a requerimento do interessado, nos casos de exercício de atividade remunerada, falecimento, abandono de lar, casamento, separação judicial ou divórcio do dependente, respondendo o policial na ativa ou inativo, civil, penal e administrativamente pela omissão ou inexatidão de suas declarações.

Artigo 242, § único do Decreto 2479/79.

Art. 146 – O salário-família, relativo a cada dependente, será devido a partir do mês em que tiver ocorrido o fato que lhe deu origem, embora verificado no último dia do mês.

Artigo 243 do Decreto 2479/79.

Parágrafo único – Deixará de ser devido o salário-família, relativo cada dependente, no mês seguinte em que se retificou o ato ou fato que haja determinado a sua supressão, embora ocorrido no primeiro dia do mês.

Artigo 244 do Decreto 2479/79.

Art. 147 – Não será concedido salário-família por esposa desquitada ou divorciada, sem percepção de alimentos, nem quando o valor do benefício não estiver incluído na sentença judicial que condenou o policial à pensão alimentícia, transitada em julgado.

§ 1º – Na hipótese de a pessoa desquitada ou divorciada vir, qualquer tempo, a obter judicialmente, a percepção de salário-família, deixará ele de ser pago pela nova esposa ou companheira.

§ 2º – No caso de cancelamento na forma deste artigo e parágrafo anterior, se ocorrer o falecimento da esposa desquitada ou divorciada em o requerendo a parte interessada e desde que persistam os motivos de sua primeira concessão, será o benefício restabelecido.

Capítulo III
DO AUXÍLIO-DOENÇA

Art. 148 – Após cada período de doze meses **consecutivos** de licença para tratamento de saúde, o policial terá direito a **um mês de vencimento**, a título de auxílio-doença.

Artigo 245 do Decreto 2479/79.

§ 1º – Quando ocorrer o falecimento do policial, o auxílio-doença a que tiver feito jus será pago de acordo com as normas que regulam o pagamento de vencimento não recebido.

Artigo 245, § 1º do Decreto 2479/79.

§ 2º – O auxílio-doença não sofrerá descontos de qualquer espécie, ainda que para fins de assistência e previdência.

Artigo 245, § 2º do Decreto 2479/79.

Art. 149 – O tratamento do policial acidentado em serviço, acometido de doença profissional ou internado compulsoriamente para tratamento psiquiátrico, correrá integralmente por conta dos cofres do Estado, e será realizado, sempre que possível, em estabelecimento estadual de assistência médica.

Artigo 246 do Decreto 2479/79.

§ 1º – Ainda que o policial venha a ser aposentado em decorrência de acidente em serviço, de doença profissional ou de internação compulsória para tratamento psiquiátrico, as despesas previstas neste artigo continuarão a correr pelos cofres do Estado.

Artigo 246, § 1º do Decreto 2479/79.

§ 2º – Nas hipóteses deste artigo não será devido ao policial o pagamento do auxílio-doença.

Artigo 246, § 2º do Decreto 2479/79.

Art. 150 – O Titular do órgão competente para concessão de licença médica ao policial do Estado decidirá sobre os pedidos de pagamento do auxílio--doença e do tratamento a que se refere o artigo anterior.

Artigo 247 do Decreto 2479/79.

Art. 151 – Nos casos de acumulação legal de cargos, o auxílio-doença devido será pago somente em relação a um deles, e calculado sobre o de maior vencimento, se ambos forem estaduais.

Artigo 248 do Decreto 2479/79.

Capítulo IV
DO AUXÍLIO-FUNERAL

Art. 152 – À família do policial ativo ou inativo falecido será concedido auxílio-funeral.

Artigo 249 do Decreto 2479/79.

§ 1º – O auxílio será pago:

1 – no valor correspondente **a dez** UFERJ, quando o do vencimento e vantagens ou proventos do falecido for igual ou inferior a esse quantitativo;

2 – O valor correspondente **a vinte** UFERJ, nos demais casos.

§ 2º – A despesa com auxílio-funeral correrá à conta de dotação orçamentária própria.

Art. 153 – Aplica-se ao auxílio-funeral a norma estabelecida no art. 151.

Artigo 250 do Decreto 2479/79.

§ 1º – Se as despesas do funeral não ocorreram às expensas da família do policial ativo ou inativo, o respectivo auxílio será pago a quem se tiver comprovadamente realizado.

Artigo 250, § 1º do Decreto 2479/79.

§ 2º – O pagamento do auxílio-funeral obedecerá a processo sumaríssimo, concluído no prazo de **quarenta e oito horas** da apresentação da certidão de óbito e documentos que comprovem a satisfação da despesa pelo requerente incorrendo em pena de suspensão o responsável pelo retardamento.

Artigo 250, § 2º do Decreto 2479/79.

Capítulo V
DO AUXÍLIO-MORADIA

Art. 154 – Será concedido auxílio-moradia ao policial que for designado "ex-ofício" para ter exercício definitivo em nova sede e nesta não vier a residir em imóvel pertencente ao Poder Público.

Parágrafo Único – Ao auxílio previsto neste artigo aplica-se o disposto no parágrafo único do art. 109.

Artigo 251 do Decreto 2479/79.

Art. 155 – O auxílio-moradia corresponderá a 20% do vencimento base do policial.

Artigo 252 do Decreto 2479/79.

Art. 156 – O pagamento do auxílio-moradia é devido a partir da data em que o policial passar a ter exercício na nova sede e cessará:

I – quando completar um ano na nova sede;

II – quando passar a residir em imóvel pertencente ao Poder Público.

Artigo 253 do Decreto 2479/79.

Art. 157 – O auxílio-moradia, pago mensalmente, junto com o vencimento do policial, será suspenso nas hipóteses previstas nos incisos III, IV e XX do artigo 259.

1 – exercer mandato legislativo ou executivo, federal ou estadual;

2 – exercer mandato municipal e neste importar no afastamento do policial do exercício de seu cargo;

3 – for convocado para prestação de serviço militar.

Artigo 254 do Decreto 2479/79.

Art. 158 – O período de um ano e que se refere o inciso I do artigo 156 começa a ser contado a partir da data em que o policial iniciar o exercício em nova sede, recomeçando a contagem do prazo a cada nova designação.

Artigo 255 do Decreto 2479/79.

Capítulo VI
DA PENSÃO ESPECIAL

Art. 159 – Aos beneficiários do policial falecido em consequência de acidente ocorrido em serviço ou doença nele adquirida, é assegurada uma pensão mensal equivalente ao vencimento mais as vantagens percebidas em caráter permanente, por ocasião do óbito.

Artigo 256 do Decreto 2479/79.

Art. 160 – A prova das circunstâncias do falecimento será feita por junta médica oficial, que se valerá, se necessário, de laudo médico-legal, além da comprovação a que se refere o (5º do art. 62, quando for o caso).

Artigo 257 do Decreto 2479/79.

Art. 161 – Revogado pela Lei nº 330, de 30-06-80.

Parágrafo único – Revogado pela Lei nº 330, de 30-06-80.

Art. 162 – O disposto neste capítulo aplica-se, também, aos beneficiários do inativo, quando o evento morte for consequência direta de acidente em serviço ou doença profissional.

Artigo 259 do Decreto 2479/79.

Capítulo VII
DO PRÊMIO POR SUGESTÕES DE INTERESSE DA ADMINISTRAÇÃO

Art. 163 – A administração estimulará a apresentação, por parte de policiais, de sugestões e trabalhos que visem ao aumento da produtividade e à redução de custos operacionais do serviço público, de trabalhos técnico-científicos de natureza policial ou jurídico-penais, julgados do interesse da Secretaria de Estado da Polícia Civil.

Artigo 260 do Decreto 2479/79.

Art. 164 – Serão estabelecidos **três prêmios anuais**, em importância a ser fixada pelo Governador, destinados ao trabalho que melhor se ajustarem às finalidades de sua instituição nos termos de regulamentação própria a ser baixada pelo Secretário de Estado da Polícia Civil.

Obs.: Cuidado, não confundir com o artigo 260 do Decreto 2479/79 que é estabelecido apenas um prêmio anual.

Art. 165 – Caberá a uma comissão, composta de **cinco membros**, de reconhecida competência em técnica de administração policial, avaliar e julgar os trabalhos recebidos.

Artigo 262 do Decreto 2479/79.

§ 1º – Anualmente será designada a comissão por ato do Secretário de Estado da Polícia civil, que indicará seu presidente.

Artigo 262, § 1º do Decreto 2479/79.

§ 2º – O julgamento da comissão será irrecorrível.

Artigo 262, § 3º do Decreto 2479/79.

Art. 166 – Aos autores dos trabalhos premiados se reconhecerá a relevância do serviço e os respectivos prêmios serão entregues em ato solene no dia 29 de setembro.

Art. 167 – Não serão distribuídos os prêmios no ano em que os trabalhos apresentados forem julgados insatisfatórios pela comissão.

Artigo 264 do Decreto 2479/79.

Título VI
DA PROMOÇÃO

Capítulo I
DAS DISPOSIÇÕES GERAIS

Art. 168 – A promoção é a passagem de uma classe para classe imediatamente superior, da mesma categoria funcional no serviço policial civil, e será efetuada pelos critérios de antiguidade e merecimento e, ainda, por bravura e "post-mortem".

Art. 22 da Lei 3586/2001 – As promoções dos policiais civis serão realizadas, sempre, no dia 21 de abril, e no dia 29 de setembro, pelos critérios de antiguidade e merecimento, conforme se dispuser no Estatuto dos Policiais Civis e seu Regulamento, observada a existência de cargos vagos e na forma das linhas de progressão dispostas em Anexo desta Lei.

Art. 169 – As séries de classes de detetive e detetive-inspetor, passam a ser consideradas uma série de classes, a fim de que, na promoção por bravura, de detetive de 1ª classe para detetive-inspetor de 3ª classe, não sejam exigidos, excepcionalmente, os requisitos de:

I – certificado de 2º grau escolar ou equivalente;

II – interstício de setecentos e trinta dias, na 1ª classe;

III – habilitação em curso específico, ministrado pela Academia de Polícia, sempre procedido de prova de seleção.

§ 1º – O promovido, a que se refere este artigo, somente poderá beneficiar-se de outra promoção regular se preencher os requisitos da lei.

§ 2º – Quando for o caso, o promovido por bravura, ou por outra via legal, inclusive por força de decisão judicial, o nomeado, o transposto, o reclassificado, o transformado e o aproveitado deverão requerer ao Diretor da Academia de Polícia, independentemente de quaisquer exigências, matrícula no primeiro curso específico pertinente, que deverá ser realizado dentro do período de 02 (dois) anos.

Art. 170 – As promoções por antiguidade e por merecimento obedecerão obrigatória e alternativamente à proporção de uma vaga de antiguidade para uma vaga de merecimento e ao interstício; mínimo de setecentos e trinta dias.

Parágrafo único – A promoção para a última classe de cada categoria funcional será feita à razão de uma vaga por antiguidade e duas vagas por merecimento.

Art. 171 – Qualquer outra forma de provimento de vaga, mesmo aquela por via judicial, não interromperá a sequência dos critérios de que trata o artigo anterior.

Parágrafo único – Para cumprimento de decisão judicial o Poder Executivo criará, em quadro suplementar, cargo que se extinguirá com a sua vacância, ressalvada reintegração.

Art. 172 – As promoções serão realizadas obrigatoriamente, no dia 29 de setembro de cada ano, desde que verificada a existência de vagas e na forma das linhas de progressão estabelecidas na legislação vigente.

Art. 173 – Não poderá haver promoção para a classe em que existir cargo excedente, ressalvado o disposto no parágrafo único do artigo 171 e no artigo 220.

Art. 174 – Para efeito de promoção, o tempo de serviço será contado em anos, meses e dias.

Art. 175 – A antiguidade na classe e o interstício deverão ser apurados, improrrogavelmente, até o dia 10 de julho de cada ano.

§ 1º – A lista de antiguidade dos policiais civis, em cada classe será publicada no Diário Oficial do Estado, o qual conterá, **em anos, meses e dias**, o tempo de serviço na classe, na categoria funcional, no serviço policial, no serviço público estadual e no serviço público em geral e o computado para efeito de aposentadoria e disponibilidade.

§ 2º – A lista de antiguidade **poderá ser contestada até 10 (dez) dias de sua publicação**. Após a apreciação dos recursos oferecidos pelos interessados será republicada de forma definitiva.

Art. 176 – Verificada a vaga originária em uma classe, serão consideradas abertas todas as decorrentes de seu preenchimento, dentro de sua respectiva série de classes.

Parágrafo único – A vaga originária ocorrerá na data:

1 – do falecimento do ocupante do cargo;

2 – da publicação do decreto de aposentadoria, exoneração ou demissão;

3 – da vigência do decreto de promoção, ascensão e do ato de agregação;

4 – da posse, no caso de nomeação ou transferência para outro cargo;

5 – da publicação do ato que criar o cargo;

Art. 177 – Será considerado promovido, para todos os efeitos, o policial civil que vier a falecer ou for aposentado, sem que tenha sido decretada, no prazo legal, a promoção que lhe cabia por antiguidade.

Art. 178 – Em benefício do policial, a quem direito cabia a promoção, será declarado sem efeito o ato que houver decretado indevidamente.

§ 1º – O policial promovido indevidamente não ficará obrigado a devolver o que a mais houver recebido.

§ 2º – O policial a quem cabia a promoção será indenizado **de uma só vez**, da diferença de padrão de vencimento e vantagens a que tiver direito.

Art. 179 – O policial civil que estiver prestando serviço fora do organismo da Secretaria de Estado da Polícia Civil, bem como em exercício de mandato eletivo federal, estadual ou municipal, somente poderá ser promovido por antiguidade, **exceto quando no desempenho de cargo em comissão ou função gratificada, em órgãos considerados de interesse policial e nos casos previstos em lei**.

Capítulo II
DO QUADRO DE PROMOÇÃO

Art. 180 – O policial para ser promovido por antiguidade ou merecimento deverá integrar o Quadro de Promoção (QPA ou QPM), respectivamente.

Art. 181 – Verificada a vaga originária, a indicação para integrar o Quadro de Promoção (QPM ou QPA) deverá recair nos policiais civis mais antigos, compreendidos nos primeiros dois terços do número de cargos da classe concorrente a que pertencerem, fixado em lei e na conformidade de apuração estabelecida neste Regulamento.

Parágrafo único – Para os efeitos deste artigo, os quantitativos de cargos fixados em lei, serão sempre acrescidos dos excedentes resultantes de promoção por ato de bravura, se houver.

Art. 182 – O policial indicado para integrar o Quadro de Promoção (QP) não sendo promovido por merecimento ou antiguidade, retornará à sua posição na lista de antiguidade.

Art. 183 – O Quadro de Promoção (QPA ou QPM) será publicado no órgão de divulgação oficial do Estado, para **efeito de contestação, no prazo de 10 (dez) dias,** publicando-se, entretanto, apenas, no Boletim Informativo (BI), o resultado dos eventuais recursos interpostos, para mera ciência dos interessados.

Art. 184 – As vagas ou quaisquer alterações da folha funcional do policial, que ocorrerem após o último dia do semestre anterior à data da promoção, serão computadas para progressão horizontal seguinte.

Parágrafo único – excetuam-se da regra deste artigo as vagas decorrentes dos atos da agregação.

Art. 185 – Não poderá integrar o Quadro de Promoção (QPM), o policial civil que:

I – Não obtiver o grau de merecimento igual, pelo menos, à metade do máximo atribuído ao primeiro classificado;

II – Houver sido punido com suspensão **acima de 15 (quinze) dias** na classe concorrente, por transgressão disciplinar apurada através de procedimento administrativo regular;

III – Estiver sendo submetido a qualquer procedimento disciplinar decorrente de falta de natureza **média ou grave,** ou policial ou judicial penal por infração *dolosa,* exceto se houver indícios veementes de ação em estrito cumprimento do dever legal comprovados pelo interessado perante à SECOP.

IV – Houver sido **condenado por crime doloso, inclusive, em sentença não transitada em julgado,** ou estiver no gozo de sursis, enquanto não for decretada a extinção da punibilidade, **salvo desclassificação para excesso culposo.**

Parágrafo único – Ressalvado os incisos III e IV, o disposto neste artigo não se aplica ao policial civil, em condições de ser promovido por antiguidade (QPA), reservando-se, porém, a respectiva vaga até a decisão final do inquérito administrativo ou o trânsito em julgado de ação penal.

Capítulo III
DA PROMOÇÃO POR ANTIGUIDADE

Art. 186 – À promoção por antiguidade recairá no policial civil que tiver **maior tempo de efetivo exercício na classe**, apurado até o último dia de cada semestre.

Art. 187 – A antiguidade será determinada pelo tempo líquido de exercício do policial civil na classe a que pertencer.

Parágrafo único – Será apenas computado como antiguidade no serviço público o tempo líquido de exercício interino, continuado ou não, em cargo de mesma denominação e para o qual tenha o policial civil sido nomeado em razão de concurso.

Art. 188 – quando houver fusão de classes do mesmo padrão de vencimentos, os policiais contarão, na nova classe, a antiguidade que tiverem na sua classe anterior, à data de fusão dos cargos, observados os quadros e as carreiras a que pertencerem.

Parágrafo único – O disposto neste artigo é aplicável aos casos de transposição, reclassificação, transformação, aproveitamento ou qualquer outra alteração na denominação de cargos de uma série de classe ou de uma classe singular, verificada após 15 de março de 1975.

Art. 189 – quando houver fusão de classes de padrões de vencimentos diversos, a antiguidade dos policiais na nova classe que resultar da fusão será contada do seguinte modo:

I – Se a fusão de cargos se verificar numa mesma série de classes, dever-se-á manter a posição que cada um ocupava na escala hierárquica funcional, antes de fusão dos cargos;

II – Se a fusão de cargos se verificar entre séries de classes de denominações diversas, ou entre classes singulares, ou, ainda, entre estas e a aquelas, prevalecerá o critério do padrão de vencimento mais elevados para o estabelecimento da hierarquia na nova classe, respeitado o tempo na classe originária.

Art. 190 – A antiguidade na classe será contada:

I – nos casos de nomeação, readmissão, reintegração, reversão ou aproveitamento a partir da data em que o policial entrar em exercício do cargo;

II – nos casos de ~~transferência, ascensão~~, promoção e readaptação a partir da vigência do ato respectivo ou da sua publicação.

Art. 191 – quando ocorrer empate na classificação por antiguidade terá preferência, sucessivamente, o policial civil:

I – de maior tempo de serviço policial;

II – de maior tempo de serviço público estadual;

III – de maior tempo de serviço público;

IV – de maior prole;

V – mais idoso.

§ 1º – Quando se tratar de classe inicial, o primeiro desempate será feito pela classificação extraída da média aritmética das notas finais da 1ª fase do concurso público externo e do respectivo curso de formação profissional, e das notas finais da prova de seleção e do curso específico, quando se tratar de concurso interno.

§ 2º – Como tempo de serviço público estadual, será computado o exercício interrompido ou não, em qualquer cargo ou função nos órgãos estaduais da administração direta ou indireta e fundações instituídas pelo Poder Público.

§ 3º – Será computado como tempo de serviço público o que tenha sido prestado à União, Estados, Distrito Federal, Territórios e Municípios, em cargo ou função civil ou militar, ininterruptamente ou não, em órgão de administração direta ou indireta e fundações instituídas pelo Poder Público, apurado à vista de certidões expedidas pelos registros de frequência, folha de pagamento ou dos elementos regularmente averbados no assentamento individual do então servidor.

Art. 192 – Na apuração do tempo líquido do efetivo exercício para determinação da antiguidade na classe, bem como de desempate previsto no artigo anterior, serão incluídos os períodos de afastamento decorrentes de:

I – férias;

II – casamento;

III – luto;

IV – exercício de outro cargo de governo, ou de direção, de provimento de comissão, ou em substituição, nos órgãos estaduais da administração direta ou indireta e fundações instituídas pelo Poder Público:

V – convocação para o serviço militar;

VI – júri e outros serviços obrigatórios por lei;

VII – no exercício de função ou cargo de governo ou administração em qualquer parte do território nacional, por nomeação do Presidente da República ou serviço prestado à Presidência da República em virtude de requisição oficial;

VIII – desempenho de função federal, estadual ou municipal;

IX – licença prêmio;

X – licença para tratamento de saúde;

XI – missão ou estudo de interesse e natureza policial, no estrangeiro ou qualquer parte do Território Nacional, quando o afastamento tiver sido autorizado pelo Governador do Estado e pelo Secretário de Estado de Polícia Civil, respectivamente, e não perdurar por tempo superior a um ano;

XII – exercício em comissão de cargos de direção em sociedade de economia mista, empresas públicas, ou em fundações instituídas pelo Poder Público.

XIII – faltas até o máximo de três dias durante o mês por motivo de doença comprovada na forma regulamentar;

XIV – expressa determinação legal, em outros casos.

Capítulo IV
DA PROMOÇÃO POR MERECIMENTO

Art. 193 – A promoção por merecimento dar-se-á por escolha entre os policiais civis que integrarem o quadro de promoção por merecimento (QPM) obedecendo a feitura deste à ordem rigorosa de classificação por pontos obtidos.

Parágrafo único – O número de integrantes do QPM corresponderá ao dobro dos cargos vagos a serem preenchidos, devendo, porém, ser publicado no BS em ocasião julgada oportuna pela SECOP, a relação dos concorrentes, que embora não hajam figurado no aludido Quadro, alcançarem um total razoável de pontos.

Art. 194 – O merecimento do policial civil será apurado em pontos positivos e negativos, levando-se em conta os fatores seguintes:

I – eficiência revelada no desempenho do cargo ou função policial e administração policial no seu nível hierárquico;

II – procedimento em sua vida pública, particular e o conceito que goza na organização policial;

III – contribuição à organização e à melhoria dos serviços policiais;

IV – aprimoramento de sua cultura geral específica, através de cursos especializados;

V – ingresso no serviço policial ou na série de classes a que concorre por promoção, mediante concurso público ou ascensão, ambos de provas escritas de conhecimentos;

VI – período de curso de formação profissional ou equivalente em estabelecimento de ensino policial, quando do ingresso no serviço policial ou na série de classes, a que concorre por promoção;

VII – exercício em:

a) cargo efetivo;

b) direção, chefia, assessoramento, assistência e secretariado;

c) magistério policial;

Art. 195 – A eficiência no desempenho da função policial civil será mensurada, através do Boletim de Merecimento (BM), considerando-se a qualidade do trabalho, a autossuficiência, a iniciativa, o tirocínio, a colaboração, a ética profissional, o conhecimento do trabalho e o aperfeiçoamento profissional.

Art. 196 – A qualidade do trabalho será considerada tendo em vista o grau de exatidão, precisão e apresentação.

Art. 197 – Autossuficiência é a capacidade demonstrada pelo policial para desempenhar as tarefas de que foi incumbido, sem necessidade de assistência ou supervisão permanente de outrem.

Art. 198 – Iniciativa é a capacidade de pensar e agir com senso comum, na falta de normas e de processos de trabalho previamente determinados, assim como o de apresentar sugestões ou ideias tendentes ao aperfeiçoamento do serviço.

Art. 199 – Tirocínio é a capacidade demonstrada pelo policial para avaliar e discernir a importância das decisões que deve tomar.

Art. 200 – Colaboração é qualidade demonstrada pelo policial de cooperar com a chefia e com os colegas, na realização dos trabalhos afetos ao órgão em que tem exercício.

Art. 201 – Ética profissional é a capacidade de discrição demonstrada pelo policial no exercício de sua atividade, ou em razão dela, modo de agir com cortesia e polidez no trato com os colegas e as partes, na sua apresentação pessoal e na rigorosa observância dos preceitos contidos no Código de Ética.

Art. 202 – Conhecimento do trabalho é a capacidade demonstrada pelo policial para realizar as atribuições inerentes ao cargo, com pleno conhecimento dos métodos e técnicas de trabalho utilizados.

Art. 203 – Aperfeiçoamento funcional é a comprovação, pelo policial, de capacidade para melhor desempenho das atividades normais do cargo e para realização de atribuições superiores, relacionadas com aquelas atividades.

Art. 204 – A Secretaria Executiva da Comissão de Promoção atribuirá ao policial, na apuração dos pontos de que trata o artigo 195, um conceito, devidamente justificado, que variará de um a cinco pontos, por fator de avaliação, consoante informações prestadas pelo superior imediato do policial.

Parágrafo único – Considera-se superior imediato aquele ao qual está diretamente subordinado o policial, desde o mais baixo nível da escala hierárquica administrativa.

Art. 205 – O procedimento do policial na vida pública será apurado através de informação do seu superior imediato, tendo em vista a assiduidade, a pontualidade e a disciplina consignadas no verso do BM, e, ainda, os assentamentos funcionais.

Parágrafo único – Para prestar as informações referidas neste artigo e no anterior, será vedada a eventual subordinação interpares, cabendo essa tarefa ao chefe hierárquico do policial.

Art. 206 – A falta de assiduidade será determinada pela ausência injustificada do policial ao serviço, **computando-se um ponto negativo para cada falta**.

Art. 207 – A impontualidade horária será determinada pelo número de **entradas tardias e saídas antecipadas**.

§ 1º – A entradas tardias ou saídas antecipadas serão adicionadas umas às outras, computando-se um ponto negativo para cada grupo de três, sendo desprezadas as que não atingirem aquele número dentro do semestre.

§ 2º – Os Boletins de Merecimento (BM) serão obrigatoriamente, por quem de direito, encaminhados à SECOP, entre os dias 11 e 30 dos meses de janeiro e de julho de cada ano com os esclarecimentos em apenso, sob pena de responsabilização administrativa, das reais atividades desempenhadas pelo policial nos últimos seis meses, inclusive, se for o caso, no órgão de onde veio removido, para fins preconizados neste capítulo.

Art. 208 – A indisciplina será apurada tendo em vista as penalidades de **advertência, repreensão, suspensão, afastamento do serviço, do cargo ou de função e prisão disciplinar**, impostas ao policial.

Obs.: A prisão disciplinar é inconstitucional.

Parágrafo único – Serão considerados os seguintes pontos negativos para grupo de três penalidades:

I – três advertências – um ponto negativo;

II – duas advertências e uma repreensão – um ponto negativo;

III – uma advertência e duas repreensões – dois pontos negativos;

IV – três repreensões – dois pontos negativos;

V – suspensão, afastamento ou prisão domiciliar – por dia de penalidade – um ponto negativo.

Art. 209 – O procedimento do policial em sua vida particular será apurado em investigação reservada, atribuindo-se, ao final, se for o caso, conceito devidamente justificado que variará de zero a cinco pontos negativos.

Parágrafo único – O candidato não integrará o QF respectivo, se lhe for atribuído o conceito negativo – 5 (menos cinco).

Art. 210 – O conceito de que goza o policial na organização deverá ser apurado na classe concorrente, atribuindo-se a cada fator, abaixo relacionado, valorarão que variará de zero a dois pontos:

I – encargos e missões desempenhadas, entre outros, os que visem ao aumento de produtividade e à redução de custos operacionais dos serviços públicos;

II – Elogios decorrentes do exercício da função policial e emanados de autoridade judiciária ou administrativa competente;

III – medalhas e condecorações;

IV – serviços relevantes prestados a outros órgãos;

V – atos de bravura;

VI – zelo dos policiais, componentes de Equipe de Plantão, na vigilância de presos custodiados nos xadrezes das unidades policiais, em cada período de 6 (seis) meses, sem ocorrência de fuga.

§ 1º – Nos casos de crimes de homicídio, roubo, extorsão mediante sequestro e tráfico de entorpecentes, será atribuído 0,5 (meio) ponto ao agente policial que, em efetiva atividade operacional, efetuar prisão em flagrante, realizada com absoluta observância dos princípios constitucionais e legais que a autorizam. Nos demais casos criminais, o agente policial receberá 0,25 (um quarto) de ponto. Se o policial sofrer lesão corporal de natureza grave, ser-lhe-á concedido 05 (cinco) pontos.

§ 2º – Ao detetive ou Detetive-Inspetor, sem cujo empenho ou capacidade de iniciativa não teria sido possível o cumprimento de mandado de prisão, será concedido 0,25 (um quarto) de ponto. Se, porém, o executor sofrer lesão corporal de natureza grave, ser-lhe-á aplicado o disposto no parágrafo anterior.

§ 3º – Na apreciação de sindicância Sumária por ato de bravura, a Comissão de Promoção, se entendê-lo não tipificado, poderá conceder ao policial 05 (cinco) pontos de merecimento.

§ 4º – Os pontos preconizados nos parágrafos deste artigo, serão aplicáveis aos eventos ocorridos a partir de 1º de janeiro de 1989, sendo aproveitáveis na promoção seguinte, se implicar em qualquer eventual retardamento de processo protecional em curso.

§ 5º – Caberá à Secretaria Executiva de Comissão de Promoção a confirmação do enquadramento previsto nos parágrafos anteriores.

Art. 211 – Os incisos III, IV, V e VI do artigo 194 serão mensurados através dos assentamentos funcionais de curriculum vitae, atribuindo-se ao policial civil conceito na classe concorrente, em cada inciso, que variará na forma abaixo:

I – contribuição à organização e à melhoria dos serviços policiais, com mensurarão máxima de um ponto por ano;

a) por publicação de trabalhos técnicos policiais em livros ou revistas ou aqueles que resultarem ou venham resultar em Lei, Decreto ou Resolução, desde que comprovada sua autoria pela Administração Policial: 0,5 (meio) ponto por trabalho publicado, até o limite de 03 (três) pontos;

b) edição de livros, manuais, coletâneas de natureza policial: 0,5 (meio) ponto por obra editada, até o máximo de 03 (três) pontos;

c) edição de apostilas de natureza policial: 0,25 (um quarto) de ponto por apostila, até o máximo de 01 (um) ponto;

d) Comissões Administrativas, instituídas por ato de dirigente de unidade, a nível departamental, excluídas as Comissões de Sindicância e as designações por apuração sumária e investigação de caráter disciplinar ou policial:

- como presidente ou membro: 0,5 (meio) ponto por participação, até o limite de 03 (três) pontos;

- como secretário: 0,25 (um quarto) de ponto por participação, até o limite de 02 (dois) pontos.

e) membro de órgão de deliberação coletiva de natureza policial civil: 01 (um) ponto por designação, até o limite de 03 (três) pontos.

II – aprimoramento de sua cultura geral e específica, através de cursos na instituição policial ou fora dela:

a) cultura geral:

- 02 (dois pontos por curso superior completo, sem limite, desde que não exigível para o ingresso na série de classe;

- 01 (um) ponto por curso, com duração mínima de 40 (quarenta) horas, até o limite de 05 (cinco) pontos.

b) cultura específica:

- 01 (um) ponto por curso, até o limite de 05 (cinco) pontos.

III – ingresso no serviço policial ou na série de classes a que concorre por promoção, mediante concurso público ou ascensão, ambos de provas escritas de conhecimento em que foi exigida:

a) escolaridade de nível superior: cinco pontos;

b) escolaridade de nível técnico ou 2º grau: três pontos;

c) escolaridade de nível de 1º grau: dois pontos;

d) escolaridade de nível de 1º grau até a 4ª série: um ponto.

IV – período de duração do curso de formação profissional ou equivalente em estabelecimento de ensino policial, quando ingresso no serviço policial ou na série de classes a que concorre por promoção: um ponto por trimestre ou por tempo igual ou superior a quarenta e cinco dias, até o limite de cinco pontos.

§ 1º – Os cursos de cultura geral, não integrantes dos requisitos essenciais para o ingresso na série de classes, serão computados em toda a trajetória da vida funcional do titular, desde que sua duração tenha sido igual ou superior a 240 horas.

§ 2º – Os incisos III e IV desde artigo, só serão considerados na série inicial de classes. O artigo 211, o inciso I e alíneas, as alíneas "a" e "b" e os parágrafos 1º e 2º têm a redação dada pelo Decreto no 9.460, de 10-12-86.

Art. 212 – O exercício em cargo efetivo, em direção, chefia, 0assessoramento, assistência, secretariado ou magistério policial será mensurado da seguinte forma:

I – Pelo exercício em cargo efetivo, na classe concorrente, por ano de atividade contínua:

Inciso com redação dada pelo Decreto nº 9.460, de 10-12-86.

a) em Delegacias Policiais:

- Dos Municípios da Capital e de Niterói, 02 (dois) pontos;
- Dos demais Municípios, distantes até 150 (cento e cinquenta) km da Capital, 04 (quatro) pontos, mais 01 (um) ponto se o servidor tiver domicílio no mesmo Município:

Alínea com redação dada pelo Decreto nº 11.664, de 02-08-88.

II – pelo exercício em Direção, Chefia, Assessoramento, Assistência ou secretariado, no cargo ou função desempenhada durante 01 (um) ano:

Inciso com redação dada pelo Decreto no 9.460, de 10-12-86.

a) de direção superior até o nível de divisão ou delegacia: 04 (quatro) pontos até o limite de 12 (doze) pontos;

b) de assessoramento ou assistência superior: 03 (três) pontos até o limite de 09 (nove) pontos;

c) de chefia de serviço ou assistência intermediária: 02 (dois) pontos até o limite de 06 (seis) pontos;

d) de chefia de seção, de setor ou secretariado: 1,5 (um e meio) ponto até o limite de 4.5 (quatro e meio) pontos;

e) de substituição imediata ou eventual do titular de delegacia; 2,5 (dois e meio) ponto até o limite de 4,5 (quatro e meio) pontos;

f) de substituição imediata ou eventual de chefe de serviço: 1,5 (um e meio) ponto até o limite de 4,5 (quatro e meio) pontos;

g) de substituição imediata ou eventual de chefe de seção e de setor; 01 (um) ponto até o limite de 03 (três) pontos.

III – pelo exercício do magistério policial, com mensurado máxima de 01 (um) ponto por ano:

a) em bancas de concurso de provas seletivas: 0,5 (meio) ponto por banca ou prova seletiva, até o limite de 03 (três) pontos;

b) como professor: 0,5 (meio) ponto por grupo de três turmas, até o limite de 03 (três) pontos.

§ 1º – Para efeito dos incisos I e II, quando o cargo ou função é exercido em Delegacia Policial, considera-se como de um ano, o período de tempo igual ou superior a cento e oitenta dias.

§ 2º – exercendo o policial, no período de um ano, continuadamente, mais de um cargo ou função enumerados no inciso II deste artigo, considera-se para efeito de contagem de pontos o cargo ou função mais elevado, desde que o exerça por período mínimo de cento e oitenta dias.

§ 3º – O disposto neste artigo aplica-se aos cargos ou funções gratificadas exercidas nos antigos Estados da Guanabara e do Rio de Janeiro.

Art. 213 – Em caso de haver movimentação do policial civil, que importe em outra subordinação, o superior imediato ao qual estava anteriormente subordinado poderá ser chamado a prestar esclarecimentos para formação do conceito.

Art. 214 – O grau de merecimento do policial civil será representado pela soma algébrica dos pontos positivos e dos pontos negativos.

Art. 215 – Apurado o merecimento, o conceito final dos candidatos à promoção deverá ser divulgado na imprensa oficial.

Parágrafo único – Em igualdade de condições de merecimento, proceder-se-á ao desempate por tempo de serviço na classe e persistindo a igualdade, observar-se-á o disposto no art. 191.

Art. 216 – Para a escolha dos proventos integrantes do QPM, a Comissão de Promoção, além dos pontos obtidos através dos critérios objetivos, levará em consideração os mais antigos na classe concorrente e os que já estiverem relacionados em QPM anteriores.

Capítulo V
DA PROMOÇÃO POR BRAVURA

Art. 217 – **A promoção por bravura é aquela conferida ao policial civil pela conduta que resultar da prática de ato ou atos não-comuns de coragem e audácia e que, ultrapassando os limites normais do cumprimento do dever, representem feitos úteis às atividades policiais na manutenção de segurança e ordem públicas, pelos resultados alcançados ou pelo exemplo altamente positivo deles emanados, concretizando-se, independentemente do preenchimento de quaisquer outras condições.**

Parágrafo único – A bravura, caracterizada nos termos deste artigo, determinará a promoção do policial, mesmo que do ato praticado tenha resultado sua morte ou invalidez.

Art. 218 – A autoridade policial civil, para os fins do artigo anterior, fará registro minucioso do fato, apurando-o por meio de sindicância sumária, ultimada no prazo de dez dias, onde consignará todas as provas colhidas e oferecerá relatório conclusivo e imediata remessa à Comissão de Promoção, por intermédio de sua Secretaria Executiva.

Capítulo VI
DA PROMOÇÃO *POST-MORTEM*

Art. 219 – A promoção *post-mortem* é efetivada quando o policial civil, independentemente de sua situação na lista de antiguidade, vier a falecer em uma das seguintes situações:

I – em ação de manutenção da ordem pública;

II – em consequência de ferimento recebido na manutenção da ordem pública, doença, moléstia, ou enfermidade contraídas nesta situação, ou que nelas tenha sua causa eficiente.

III – por acidente de serviço;

IV – por ato de bravura.

Art. 220 – A promoção por bravura, inclusive *post-mortem*, far-se-á automática e independentemente devassa, considerando-se excedentes os cargos desta forma providos, enquanto não ocorrer promoção regular dos beneficiários.

Art. 221 – O policial será, também, promovido se, ao falecer, integrava o quadro de promoção, independentemente de sua posição no mesmo, consideradas as vagas existentes na data do falecimento.

Art. 222 – Para efeito de aplicação do artigo anterior, será considerado, quando for o caso, o último quadro de promoção em que o policial falecido tenha sido incluído.

Título VII
DA ASCENSÃO

~~**Art. 223** – Ascensão é a passagem da última classe de uma categoria funcional para a classe inicial de outra categoria funcional, na linha hierárquica definida na carreira policial, de conformidade com o que se dispuser em ordenamento próprio.~~

§ 1º – A ascensão far-se-á mediante prova de seleção e habilitação em curso específico, ministrado na Academia de Polícia, atendido o requisito de habilitação profissional comprovado através da apresentação de diploma respectivo, devidamente registrado, e observado o interstício na última classe à época da inscrição na prova de seleção.

§ 2º – Somente será matriculado no Curso Específico o policial civil que obtiver o grau mínimo de 50 (cinquenta) pontos na Prova de Seleção.

§ 3º – Entende-se por série de classe auxiliar aquela da qual for facultada ascensão à outra, de atividade correlata, tarefas mais complexas, maior grau de responsabilidade e vencimento superior, entendendo-se esta como série de classes principal.

§ 4º – Metade das vagas da classe inicial das séries de classes principais, nas linhas de ascensão, serão reservadas para essa forma de provimento, observadas as exceções estabelecidas em lei.

§ 5º – Não poderá ser inscrito em prova de seleção, matriculado em curso específico da ACADEPOL, nem ascendido, o policial implicado nas situações descritas pelos incisos II, III e IV do artigo 185.

Art. 224 – Será de setecentos e trinta dias de efetivo exercício na classe o interstício para o policial concorrer à ascensão.

Art. 225 – O policial provido por ascensão passará a integrar a nova classe, independentemente de posse.

Parágrafo único – O policial provido por ascensão terá reiniciada a contagem de seu tempo de serviço na nova classe, para efeito de promoção.

Art. 226 – Só poderá concorrer à ascensão o policial que possuir o diploma registrado ou certificado de habilitação em curso exigido pela legislação vigente, para o exercício das atividades inerentes ao cargo para o qual terá ascensão.

~~Art. 227 – As ascensões no Quarto Permanente da Polícia Civil do Estado do Rio de Janeiro, serão realizadas uma vez por ano, no dia 29 de setembro, observada a existência de cargos vagos e na forma das linhas de progressão dispostas no anexo IV da Lei nº 699, de 14 de dezembro de 1983.~~

~~§ 1º – As vagas que não forem preenchidas pelo instituto da ascensão poderão ser aproveitadas para concurso público.~~

~~§ 2º – A ascensão que não se verificar na data referida no caput deste artigo terá seus efeitos retroagidos.~~

~~Art. 228 – O provimento por ascensão, quando o número de vagas for inferior ao número de candidatos que satisfaçam às condições estabelecidas, obedecerá à ordem de classificação na lista respectiva, organizada de acordo com o grau de habilitação obtido pelo policial, nas provas do curso específico ministrado pela Academia de Polícia.~~

~~Art. 229 – Somente poderá ser provido por ascensão o policial que obtiver, pelo menos, grau final cinquenta em cada disciplina, nos cursos específicos, que terão a seguinte apuração:~~

~~I – nível superior – quatrocentas horas/aulas;~~

~~II – nível técnico – trezentas e vinte horas/aulas;~~

~~III – nível 1º grau – sem exigência de curso técnico – duzentas e quarenta horas/aulas;~~

~~IV – nível 1º grau – cento e sessenta horas/aula.~~

~~Art. 230 – Não poderá haver provimento por ascensão na classe em que houver cargo excedente.~~

~~Art. 231 – Em benefício do policial a quem de direito cabia a ascensão, será declarado sem efeito o ato que houver decretado o provimento de forma indevida.~~

~~§ 1º – O policial provido indevidamente não ficará obrigado a restituir o que a mais houver recebido.~~

§ 2º – O policial a quem cabia o provimento por ascensão será indenizado de uma só vez, da diferença de vencimentos e vantagens a que tiver direito.

Art. 232 – A formalização dos atos relativos à ascensão será processada pela Secretaria Executiva da Comissão de Promoções, ressalvada a competência da Academia de Polícia.

Art. 233 – Aplicam-se à ascensão, no que couber, os dispositivos referentes à promoção, por merecimento e por antiguidade, inclusive "post-mortem".

Art. 234 – O órgão setorial de pessoal da Secretaria de Estado de Polícia Civil, com os elementos que dispuser e os fornecidos pelos dirigentes chefes das unidades administrativas, manterá conhecimento mensalmente à Secretaria Executiva da Comissão de Promoções.

Art. 235 – Os policiais que satisfaçam as condições previstas no presente Regulamento serão inscritos "ex-ofício" na Academia de Polícia, para efeito de prova de seleção e curso específico, publicando-se a lista nominal do "Diário Oficial" do Estado e "Boletim de Serviço", por três dias consecutivos, para ciência dos interessados.

Art. 236 – Dessa publicação contar-se-á o prazo de quinze dias para interposição de recursos, que serão decididos em igual prazo, findos os quais serão os policiais submetidos a provas de seleção na Academia de Polícia.

Art. 237 – A ascensão será feita através de Decreto coletivo, elaborado pela Secretaria Executiva da Comissão de Promoções, a ser submetido pelo Secretário de Estado da Polícia Civil ao Governador do Estado.

Título VIII
DA TRANSFERÊNCIA E DA REMOÇÃO

Art. 238 – Transferência é o ato de simples investidura do policial em cargo de denominação diversa de outra classe, de igual nível de vencimento, na carreira policial.

~~Art. 239 – A transferência se fará à vista de comprovação de habilitação dos interessados para o exercício do novo cargo, realizada na Academia de Polícia.~~

~~Art. 240 – Quando se tratar de cargo de classe inicial de série de classes, a transferência não poderá ser feita para cargo vago, destinado a provimento por concurso, já aberto, ou ascensão programada.~~

~~Art. 241 – A transferência será feita a pedido, atendidos o interesse e a conveniência do serviço policial.~~

~~Art. 242 – No caso de transferência para cargo correspondente à atividade profissional, em que se exija habilitação específica, esta será condicionada à comprovação de que o interessado satisfaz àquela exigência.~~

Obs.: *Interessante é a análise de que o critério do mérito aferível por concurso público de provas ou de provas e títulos é, no atual sistema constitucional, ressalvados os cargos em comissão declarados em lei de livre nomeação e exoneração, indispensável a Nomeação (forma originária de provimento) para cargo ou emprego público isolado ou em carreira. Para o isolado, em qualquer hipótese; para o em carreira, para o ingresso nela, que só se fará na classe inicial e pelo concurso público de provas ou de provas títulos, não o sendo, porém, para os cargos subsequentes que nela se escalonam até o final dela, pois, para estes, a investidura se fará pela forma de provimento derivada que é a promoção.*

Estão, pois, banidas das formas de investidura admitidas pela Constituição a <u>ascensão e a transferência</u>, que são formas de ingresso em carreira diversa daquela para a qual o servidor público ingressou por concurso, e que não são, por isso mesmo, ínsitas ao sistema de provimento em carreira, ao contrário do que acontece com a promoção, sem a qual obviamente não haverá carreira, mas, sim, uma sucessão ascendente de cargos isolados.

Alvarenga, Aristides Junqueira. Revista de Direito Administrativo – FGV 1993.

Art. 243 – Remoção é o ato mediante o qual o policial passa a ter exercício em outro órgão, preenchendo claro de lotação, sem que se modifique sua situação funcional.

Art. 244 – Dar-se-á remoção:

- *Artigos 54, 70 e 79, XVIII do Decreto 2479/79.*

- *Artigo 9º do Decreto Lei 220/75.*

I – a pedido;
II – "ex-ofício".

§ 1º – A remoção tanto a pedido como "ex-ofício" dependerá, em princípio, de claro na lotação.

§ 2º – O policial removido, quando de férias, não se interromperá.

§ 3º – Não poderá haver remoção de policial que se encontre em licença de qualquer espécie ou frequentando curso na Academia de Polícia.

§ 4º – Revogado pelo Decreto nº 14.832, de 23-05-90.

Art. 245 – No processamento da remoção "ex-ofício" serão observados, em princípio, a iniciativa do dirigente ou do chefe da unidade administrativa e a existência de claro na lotação do órgão para onde se pretender a remoção.

Art. 246 – remoção por permuta será processada a pedido, por escrito, de ambas as chefias interessadas.

Art. 247 – quando a remoção for a pedido, serão observados o interesse do serviço e a anuência do servidor indicado para permuta.

Parágrafo único – Somente decorridos **doze meses** da lotação do policial, poderá ocorrer sua remoção a pedido.

Art. 248 – No processamento das remoções serão atendidas a qualificação profissional do policial e a necessidade do serviço investigatório da unidade onde virá ter exercício.

Art. 249 – O policial terá exercício no órgão para o qual for designado.

Art. 250 – Até o dia 20 de janeiro de cada ano, atendidas as diretrizes da Secretaria e as necessidades de segurança pública, serão fixados, por ato resolutivo, os quantitativos de pessoal que constituirão a lotação de policiais civis em todos os Órgãos da Secretaria de Estado da Polícia Civil, até o nível de Divisão ou Delegacia.

§ 1º – Entende-se por lotação o número de policiais civis de cada categoria funcional ou cargo isolado, inclusive os ocupantes de cargo ou função de confiança que, segundo as necessidades, devam ter exercício em cada Órgão.

§ 2º – O policial civil nomeado integrará lotação na qual houver claro.

§ 3º – As autoridades policiais e seus agentes, providos nas classes iniciais das respectivas categorias profissionais serão preferencialmente lotados nas unidades de Polícia Administrativa e Judiciária, durante os dois primeiros anos de efetivo exercício.

§ 4º – revogado.

Art. 251 – O policial será afastado do exercício de seu cargo:

I – enquanto durar o mandato legislativo ou executivo, federal ou estadual;
II – enquanto durar o mandato de vereador, se não existir compatibilidade de horário entre o seu exercício e o da função pública;
III – enquanto durar o mandato de vereador, se não existir compatibilidade de horário entre o seu exercício e o da função pública;
IV – durante o lapso de tempo que mediar entre o registro da candidatura eleitora e o dia seguinte ao da eleição.

Título IX
DO TEMPO DE SERVIÇO

Capítulo I
DISPOSIÇÕES GERAIS

Art. 252 – O início, a interrupção e o reinício do exercício serão registrados no assentamento individual do policial.

Artigo 67 do Decreto 2479/79.

§ 1º – Ao entrar em exercício, o policial apresentará ao órgão competente os elementos necessários à abertura de seu assentamento individual.

Artigo 67, § 1º do Decreto 2479/79.

§ 2º – O início do exercício e as alterações que nele ocorrerem serão comunicados ao órgão setorial de pessoa, pelo titular da unidade policial ou administrativa em que estiver servindo o policial.

Artigo 67, § 2º do Decreto 2479/79.

Art. 253 – O policial entrará em **exercício no prazo de trinta dias** contados da data:

Obs.: *Embora o próprio site da Assembleia Legislativa do Estado do Rio de Janeiro na publicação deste decreto, no presente artigo, não mencione de qual data conta-se o prazo de 30 dias, utilizamos como complemento o artigo 68 do Decreto 2479/79 e informamos que tal prazo começa a correr da publicação do ato de nomeação em cargo efetivo, da publicação do ato de reintegração ou de aproveitamento ou da publicação do ato de provimento em função gratificada.*

- *Artigos 14 e 68 do Decreto 2479/79.*
- *Artigo 8ª do Decreto Lei 220/75.*

Art. 254 – A transferência, a promoção, a ascensão e a nomeação em novo cargo da carreira policial não interromperão o exercício para efeito de contagem de tempo de serviço.

Art. 255 – O policial removido para outra unidade, dentro de um mesmo Município, terá **prazo de dois dias (PERÍODO DE TRÂNSITO)**, contados da data da publicação do referido ato, para reiniciar suas atividades.

- *Artigo 70 do Decreto 2479/79.*

§ 1º – Quando em férias, licenciado ou afastado legalmente de seu cargo, **esse prazo será contado a partir do término do impedimento.**

Artigo 70, § 1º do Decreto 2479/79.

§ 2º – O prazo a que se refere este artigo será considerado como período de **trânsito**, computável como de efetivo exercício para todos os efeitos.

Artigos 70, § 2º e 79, XVIII do Decreto 2479/79.

§ 3º – O prazo referido no *caput* deste artigo poderá ser prorrogado, no máximo, por igual período, por solicitação do interessado, **a juízo da autoridade competente para dar-lhe exercício.**

Artigo 70, § 3º do Decreto 2479/79.

Capítulo II
DA APURAÇÃO

Art. 256 – A apuração do tempo de serviço **será feita em dias**, não considerado, para qualquer efeito, o exercício de função gratuita.

Artigo 76 do Decreto 2479/79.

Parágrafo único – O número de dias será convertido em anos, considerado o ano como de trezentos e sessenta e cinco dias.

Artigo 76, § 1º do Decreto 2479/79.

Art. 257 – Os dias de efetivo exercício serão computados à vista de documentação própria que comprove a frequência.

Artigo 77 do Decreto 2479/79.

Art. 258 – Admitir-se-á como documentação própria comprobatória do tempo de serviço público:

I – certidão de tempo de serviço, extraída de folha de pagamento;
II – certidão de frequência, extraída do cartão de ponto;
III – justificação judicial.

Artigo 78 do Decreto 2479/79.

§ 1º – Os elementos probantes indicados nos incisos acima são exigíveis na ordem direta de sua enumeração, somente sendo admitido o posterior, quando acompanhado de certidão negativa fornecida pelo órgão competente para a expedição do elemento a que se refere o anterior.

Artigo 78, § 1º do Decreto 2479/79.

§ 2º – Sobre tempo de serviço comprovado mediante justificação judicial, **será prévia e obrigatoriamente ouvida a Procuradoria Geral do Estado.**

Artigo 78, § 2º do Decreto 2479/79.

Art. 259 – Será considerado como de efetivo exercício o afastamento por motivo de:

- *Artigo 78 do Decreto 2479/79.*
- *Artigo 11 do Decreto Lei 220/75.*

I – férias;
II – casamento e luto, até oito dias;
III – exercício de outro cargo ou função de governo ou de direção, de provimento em comissão ou em substituição, no serviço público do Estado do Rio de Janeiro, inclusive respectivas autarquias, empresas públicas e socieda-

des de economia mista e fundações instituídas pelo Poder Público, ou serviço prestado à Presidência da República, em virtude de requisição oficial;

IV – exercício de outro cargo ou função de governo ou de direção, de provimento em comissão ou em substituição, no serviço público da união, de outros Estados e dos Municípios, inclusive respectivas autarquias, empresas públicas e sociedades de economia mista e funções instituídas pelo Poder Público, quando o afastamento houver sido autorizado pelo Governo, sem prejuízo do vencimento do policial;

V – estágio experimental;

Obs.: *A Lei Complementar nº 140 de 18/03/2011 extinguiu o Estágio Experimental.*

VI – licença-prêmio;

VII – licença para repouso à gestante;

VIII – licença para tratamento de saúde;

IX – licença por motivo de doença em pessoa da família, desde que não exceda o prazo de doze meses;

X – acidente em serviço

XI – doença de notificação compulsória;

XII – missão oficial;

XIII – estudo no exterior ou em qualquer parte do território nacional, desde que de interesse para a administração e não ultrapasse o prazo de doze meses;

XIV – prestação de prova ou de exame em regular ou em concurso público;

- Artigo 79, XIV do Decreto 2479/79.
- Artigo 11, X do Decreto Lei 220/75.

XV – recolhimento à prisão, se absolvido a final;

XVI – suspensão preventiva, se absolvido a final;

XVII – convocação para serviço militar ou encargo de segurança nacional, júri e outros serviços obrigatórios por lei;

XVIII – trânsito para ter exercício em nova sede;

XIX – faltas por motivo de doença, comprovada, inclusive em pessoa da família, até o máximo de três, durante o mês, e outros casos de força maior;

XX – candidatura a cargo eletivo, conforme o disposto no inciso IV do art. 251;

XXI – mandato legislativo ou executivo, federal ou estadual;

XXII – mandato de prefeito ou vice-prefeito;

XXIII – mandato de vereador quando não existir incompatibilidade de horário entre o seu exercício e de sua função pública.

Afastamento para o Exterior – art. 79, parágrafo único REFP.

Art. 260 – Para efeito de aposentadoria ou disponibilidade será computado:

I – tempo de serviço público federal, estadual e municipal;

II – o período de serviço ativo nas Forças Armadas, computado pelo dobro o tempo de operações em guerra, inclusive quando prestado nas forças auxiliares e na Marinha Mercante;

III – o tempo de serviço prestado com extranumerário ou sob qualquer outra forma de admissão, desde que remunerado pelos cofres públicos;

IV – o tempo de serviço prestado em autarquia, empresa pública ou sociedade de economia mista;

V – o período de trabalho prestado a instituição de caráter privado que tiver sido transformada em estabelecimento de serviço público;

VI – o tempo em que o policial esteve em disponibilidade ou aposentado;

~~VII – em dobro, o tempo de licença-prêmio não gozada;~~

~~VIII – em dobro, os períodos de férias não gozadas, a partir do exercício de 1977, limitadas a sessenta dias, ressalvado o direito à contagem de períodos anteriores para os amparados por legislação vigente até a edição do Decreto-Lei no 363, de 4 de outubro de 1977;~~

Obs.: *A interpretação do Artigo 40, § 10 da CF/88 incluído pela emenda o constitucional 19 de 1998 que diz: A lei não poderá estabelecer qualquer forma de contagem de tempo de contribuição fictício, nos revela que, desde logo, proibiu sem nenhuma ressalva o contabilização em dobro do tempo de licença prêmio ou férias não gozada, entrando em choque com a presente legislação, a não ser que o servidor já houvesse, em*

16 de dezembro de 1998 implementado o tempo necessário de serviço à aposentadoria, sendo esta a única hipótese em que lhe foi reconhecido o direito adquirido ao cômputo em dobro do período de licença prêmio ainda não usufruído.

IX – o período em que o policial frequentou curso de formação profissional em estabelecimento oficial de ensino, integrante de estrutura da Secretaria de Estado da Polícia Civil, na condição de aluno, em regime diverso do disciplinado no presente Regulamento, como fora inicial para provimento no cargo.

Art. 261 – Ao policial será assegurado a contagem qualquer que tenha sido o regime da relação empregatícia, como de serviço público estadual, do tempo prestado anteriormente à administração direta ou indireta do Estado a Fundações instituídas pelo Poder Público.

Parágrafo único – O disposto neste artigo não se aplica para efeitos de concessão de licença-prêmio.

Art. 262 – É vedada a cumulação de tempo de serviço prestado, concorrentemente ou simultaneamente, em dois ou mais cargos, funções ou empregos em qualquer das hipóteses previstas no artigo 260.

Artigo 37, XVI da Constituição Federal de 1988.

Título X
DA APOSENTADORIA

Art. 263 – O policial será aposentado:

I – compulsoriamente;

II – voluntariamente

III – por invalidez;

§ 1º - O policial será aposentado com limites de idade e tempo de serviço fixados em lei.

§ 2º - A aposentadoria por invalidez será sempre precedida de licença por um período contínuo, **não inferior a vinte e quatro meses**, salvo quando o laudo médico concluir, anteriormente aquele prazo, pela incapacidade definitiva do policial para o serviço.

Artigo 33 do DL 218/79.

Art. 264 - O aposentado receberá provento integral:

I - no caso do inciso II do artigo anterior;

II - quando a invalidez for consequência de acidente no exercício de suas atribuições ou em virtude de doença profissional;

Comentários realizados no Art. 34 do Decreto Lei 218 de 1975.

III - quando acometido de tuberculose ativa, alienação mental, neoplasia grave, estados adiantados de Paget (osteíte deformante), com base nas conclusões de medicina especializada;

IV - na inatividade, se acometido de qualquer das doenças especificadas no inciso anterior e decorrente de acidente no exercício de suas atribuições quando na atividade.

Art. 265 - A aposentadoria voluntária; mantém o policial em exercício até a publicação do respectivo ato, salvo quando já afastado do cargo.

Art. 266 - O policial que foi ou venha a ser aposentado por incapacidade definitiva e considerado inválido, impossibilitado total ou permanentemente para qualquer trabalho, não podendo provar os meios de sua subsistência, fará jus a auxílio-invalidez no valor de 25% calculado sobre o vencimento do cargo efetivo e demais vantagens, incorporadas ou não, desde que satisfaça uma das condições abaixo especificadas, devidamente declarada por funda médica;

I – necessitar de internação em instituição hospitalar apropriada, pública ou particular, de tratamento especializado;

II – necessitar de assistência médica ou de cuidados permanentes de enfermagem.

§ 1º – Quando por deficiência hospitalar ou prescrição médica comprovada por junta médica, o policial nas condições acima, receber tratamento médico na própria residência, também fará jus ao auxílio-invalidez, o policial ficará sujeito a apresentar anualmente declaração de que não exerce nenhuma atividade remunerada, pública ou privada, e a critério da administração submeter-se-á, periodicamente, à inspeção de saúde de controle, sendo que no caso de policial mentalmente enfermo aquela declaração deverá ser firmada por dois policiais em atividade.

§ 2º – Para a continuidade do direito ao recebimento do auxílio invalidez, o policial ficará sujeito a apresentar anualmente declaração de que não exerce nenhuma atividade remunerada, pública ou privada, e a critério da administração submeter-se-á, periodicamente a inspeção de saúde de controle, sendo que no caso de policial mentalmente enfermo aquela declaração deverá ser firmada por dois policiais em atividade.

§ 3º – O auxílio-invalidez será suspenso, automaticamente, se for verificado que o policial beneficiado exerce ou tenha exercido, após recebimento do auxílio, qualquer atividade remunerada, sem prejuízo de outras sanções cabíveis, bem como se, em inspeção de saúde, for constatado não se encontrar nas condições previstas neste artigo.

Título XI
DAS RECOMPENSAS

Art. 267 – Recompensa é o reconhecimento dos bons serviços prestados pelo policial.

Art. 268 – São recompensas:

I – agraciamento com medalhas de "Mérito Policial", na forma instituída em lei;

II – elogios individuais e coletivos;
III – dispensa total do serviço até dez dias;
IV – cancelamento de pena disciplinar.

Art. 269 – São competentes para conceder dispensa total de serviço:

I – até dez dias: O Secretário de Estado da Polícia Civil;

II – até cinco dias: os dirigentes de órgãos subordinados diretamente ao Secretário de Estado da Polícia Civil;

III – até dois dias: os demais dirigentes de órgãos, até o nível de divisão, inclusive titulares de delegacias.

Art. 270 – Na apreciação do pedido de cancelamento da pena disciplinar, prevista no artigo 35, poderão ser levados em conta os relevantes serviços prestados à segurança pública pelo policial, por decisão do Secretário de Estado da Polícia Civil.

Art. 271 – Aquele que comprovadamente, apurado através de inquérito administrativo ou perícia médica, se revelar inapto para o exercício da função readaptado em outra função mais compatível com a sua capacidade, sem que essa readaptação lhe traga qualquer prejuízo financeiro.

Título XII
DAS DISPOSIÇÕES TRANSITÓRIAS E FINAIS

Art. 272 – A requisição do policial, para ter exercício em órgão da administração direta ou indireta da União, Estado, Município, Distrito Federal ou território e empresas estatais, respeitados os casos previstos em lei, somente será permitida quando houver compatibilidade e correlação entre as atribuições típicas do cargo e aquelas que irá desempenhar na entidade requisitante, sempre com expressa autorização do Governador, sujeitando-se o policial à perda das vantagens decorrentes estritamente da função policial.

Art. 273 – Os cargos de direção, chefia, assessoramento e assistência de órgãos da Polícia Civil serão exercidos, em princípio, por policiais civis em exercício ou aposentados.

Art. 274 – Na primeira promoção e ascensão a serem realizadas em decorrência da aplicação deste Decreto, não se exigirá a publicação do Almanaque previsto no parágrafo único do artigo 174, bem como serão reduzidos à metade os prazos neles estabelecidos, excetuados os de interstício e de estágio probatório.

Art. 275 – Aplicam-se subsidiariamente aos policiais as disposições do Estatuto dos funcionários Públicos Civis do Estado do Rio de Janeiro aprovado pelo Decreto-Lei nº 220, de 18 de julho de 1975, seu Regulamento e demais normas de pessoal, naquilo que não colidir com o Decreto-Lei nº 218, de 18 de julho de 1975, e este Regulamento.

Obs.: E para que seja compreendido a quantidade de remissões feitas aos Estatuto do Estado do Rio de Janeiro, é necessária a leitura do Art. 43 do Decreto Lei 218/79 – Aplicam-se subsidiariamente aos policiais as disposições do Estatuto dos funcionários Públicos Civis do Estado do Rio de Janeiro aprovado pelo Decreto-Lei nº 220, de 18 de julho de 1975, seu Regulamento e demais normas de pessoal, naquilo que não colidir com o Decreto-Lei nº 218, de 18 de julho de 1975, e este Regulamento.

(Pub. D.O. do RJ, de 23-01-80 e retificado no de 25-01-80)

LEI Nº 3586, DE 21 DE JUNHO DE 2001.

> DISPÕE SOBRE A REESTRUTURAÇÃO DO QUADRO PERMANENTE DA POLÍCIA CIVIL DO ESTADO DO RIO DE JANEIRO E DÁ OUTRAS PROVIDÊNCIAS

O Governador do Estado do Rio de Janeiro,
Faço saber que a Assembleia Legislativa do Estado do Rio de Janeiro decreta e eu sanciono a seguinte **Lei**:

TITULO ÚNICO

Capítulo I
DAS CATEGORIAS FUNCIONAIS

Art. 1º – O Quadro Permanente da Polícia Civil do Estado do Estado do Rio de Janeiro é integrado pelos seguintes grupos de classes:

GRUPO I – AUTORIDADE POLICIAL

Delegado de Polícia

GRUPO II – AGENTES DE POLÍCIA ESTADUAL DE APOIO TÉCNICO-CIENTÍFICO

Engenheiro Policial de Telecomunicações
Perito Legista
Perito Criminal
Papiloscopista Policial
Técnico Policial de Necropsia
Auxiliar Policial de Necropsia

GRUPO III – AGENTES DE POLÍCIA ESTADUAL DE INVESTIGAÇÃO E PREVENÇÃO CRIMINAIS

Inspetor de Polícia
Oficial de Cartório Policial
Investigador Policial
Piloto Policial

Seção I
Do Grupo I – Autoridade Policial

Art. 2º – O Grupo I – Autoridade Policial será integrado pela carreira de Delegado de Polícia, com os quantitativos, linha de progressão e atribuições descritas nos Anexos da presente **Lei**.

Seção II
Do Grupo II – Agentes de Polícia Estadual de Apoio Técnico-Científico

Art. 3º – O Grupo II – Agentes de Polícia Estadual de Apoio Técnico-Científico – será integrado pelo cargo isolado de Engenheiro Policial de Telecomunicações, e pelas carreiras de Perito Legista, Perito Criminal, Papiloscopista Policial, Técnico Policial de Necropsia e Auxiliar Policial de Necropsia, com as atribuições, quantitativos e linha de progressão descritos nos Anexos da presente **Lei**.

Parágrafo único - Os cargos do Grupo II – Agentes de Polícia Estadual de Apoio Técnico-Científico – serão em parte objeto de provimento derivado por força de enquadramento, de acordo com os critérios fixados nos anexos desta **Lei**, dos hoje detentores de cargos da estrutura da Polícia Civil, na seguinte linha de concorrência:
I – os ocupantes de cargo de Perito Legista ao cargo de igual denominação;
II – os ocupantes de cargo de Perito Criminal e Perito Auxiliar, à carreira de Perito Criminal;
III – os ocupantes de cargo de Engenheiro Policial de Telecomunicações ao cargo isolado de idêntica denominação;
III – os ocupantes de cargo de Papiloscopista, concorrendo à carreira de Papiloscopista Policial;

IV – os ocupantes de cargo de Técnico de Necropsia à carreira de Técnico Policial de Necropsia;

V – os ocupantes de cargo de Auxiliar de Necropsia à carreira de Auxiliar Policial de Necropsia.

Seção III
Do Grupo III – Agentes de Polícia Estadual de Investigação e Prevenção Criminais

Art. 4º – O Grupo III – Agentes de Polícia Estadual de Investigação e Prevenção Criminais – será integrado pelas carreiras de **Inspetor de Polícia, Oficial de Cartório Policial e Investigador Policial**, além do cargo isolado de **Piloto Policial**, todos com suas atribuições, quantitativos e linha de progressão, quando cabível, descritos nos anexos da presente **Lei**.

Parágrafo único - Os cargos do Grupo III – Agentes de Polícia Estadual de Investigação e Prevenção Criminais – serão em parte objeto de provimento derivado por força do enquadramento, de acordo com os critérios fixados nos anexos desta **Lei**, dos hoje detentores de cargos da estrutura da Polícia Civil, na seguinte linha de concorrência:

I – os ocupantes de cargo de Detetive-Inspetor, Detetive, Técnico Policial de Telecomunicações, e Técnico Policial de Laboratório, concorrendo à carreira de Inspetor de Polícia;
II – os ocupantes de cargo de Escrevente e Escrivão de Polícia, concorrendo à carreira de Oficial de Cartório Policial;
III – os ocupantes de cargo de Operador Policial de Telecomunicações, Motorista Policial, Fotógrafo Policial e Carcereiro Policial, concorrendo à carreira de Investigador Policial;
IV – os ocupantes de cargo de Piloto Policial, concorrendo ao cargo isolado de idêntica denominação.

Art. 5º – A carreira de Investigador de Polícia é subordinada, imediatamente, aos Inspetores de Polícia e Oficiais de Cartório Policial, sem prejuízo da subordinação resultante da estrutura hierárquica da Polícia Civil e da administração pública estadual.

Capítulo II
DOS VENCIMENTOS E VANTAGENS

Art. 6º – O Policial Civil perceberá, mensalmente, além de outras vantagens previstas em **Lei**:

I – Vencimento;

II – Adicional de Atividade Perigosa;
III – Adicional Por Tempo de Serviço;
IV - Gratificação de Habilitação Profissional;
V – Gratificação de Atividade Técnico-científica de nível superior.

Seção I
Do Vencimento

Art. 7° – O vencimento dos cargos, ora criados, em cada qual de suas classes, é o expresso na tabela de escalonamento vertical constante do Anexo IV à presente **Lei**.

§ 1° - Aos servidores hoje integrantes do Quadro Permanente da Polícia Civil fica assegurada a incorporação ao valor correspondente ao índice mais elevado da tabela de escalonamento vertical a que se refere o art. 2° da Lei n° 1.458, de 09 de maio de 1989, do abono concedido a título de adiantamento, por força da Lei n° 2.990, de 23 de junho de 1998, reajustando-se os demais níveis, porém, com base nos índices de escalonamento de que trata o anexo IV desta **Lei**.

§ 2° - A incorporação e o reajuste previstos no parágrafo anterior se darão a partir da vigência desta **Lei**, independentemente da conclusão dos enquadramentos dela resultantes.

Art. 8° - As disposições do artigo anterior, serão implementadas através de doze reajustes mensais iguais e sucessivos.

Parágrafo único - A gratificação instituída pelo Decreto n° 26.248, de 02 de maio de 2000 será gradativamente reduzida, nos casos previstos no § 1° do art. 7° desta **Lei**, na proporção da implantação do reajuste de vencimentos, nos termos do *caput*, até a sua total supressão.

Obs.: Lei 4020/2002, Art. 5° - Fica o Poder Executivo autorizado a restabelecer para os agentes da Polícia Civil, extensiva aos aposentados, nos mesmos valores, a Gratificação Especial de Atividade – GEAT – instituída pelo Decreto n° 26.248, de 02 de maio de 2000, e suprimida por força do disposto no parágrafo único do art. 8° da Lei n° 3.586, de 21 de junho de 2001.

Parágrafo único – O restabelecimento da GEAT observará os limites estabelecidos na **Lei** de Responsabilidade Fiscal e Orçamentária.

Seção II
Do Adicional de Atividade Perigosa

Art. 9º – É devido adicional de atividade perigosa aos integrantes dos Grupos II (Agentes de Polícia Estadual de Apoio Técnico-Científico) e III (Agentes de Polícia Estadual de Investigação e Prevenção Criminais), no percentual em 230% (duzentos e trinta por cento) sobre o vencimento base.

Seção III
Do Adicional Por Tempo de Serviço

Art. 10 – O adicional por tempo de serviço é devido ao policial civil na forma da legislação em vigor.

Seção IV
Da Gratificação de habilitação Profissional

Art. 11 – A Gratificação de Habilitação Profissional é devida ao policial civil pelos cursos realizados com aproveitamento, nos percentuais a seguir fixados:

I – Formação profissional: 10% (dez por cento);
II – Aperfeiçoamento profissional: 15% (quinze por cento);
III – Especialização profissional: 25% (vinte e cinco por cento);
IV – Superior de Polícia: 30% (trinta por cento).

§ 1º – A hipótese do inciso I aplica-se exclusivamente às carreiras pertencentes aos Grupos II e III.
§ 2º - A gratificação de que trata este artigo incidirá apenas sobre o vencimento base.

Art. 12 – O policial civil, com mais de um curso previsto no artigo 11 fará jus à gratificação de maior valor percentual, vedada a sua acumulação.

Seção V
Da Gratificação de Atividade Técnico-científica de Nível Superior

Art. 13 – A Gratificação de Atividade Técnico-Científica de Nível Superior é devida aos membros das carreiras de nível superior do Grupo II (Agentes de Polícia Estadual de Apoio Técnico-Científico) e corresponde a 100% do vencimento base.

Parágrafo único – O disposto no *caput* deste artigo se aplica ao Medico Policial.

Capítulo III
DO INGRESSO

Seção I
Do Concurso Público

Art. 14 – O ingresso no Quadro Permanente da Polícia Civil far-se-á através de concurso público de provas ou de provas e títulos, dividido em duas fases, a saber:

I - a primeira, composta de provas de conhecimentos, exame psicotécnico, exame médico e prova de capacidade física.
II - a segunda, de curso de formação profissional, com apuração de frequência, aproveitamento e conceito.

§ 1º - Os candidatos habilitados na primeira fase serão matriculados, observados a ordem de classificação e o número de vagas fixado no Edital, para curso de formação profissional, percebendo o candidato bolsa-auxílio correspondente a 80% (oitenta por cento) do valor do vencimento da classe inicial do cargo, sem incidência de descontos relacionados com o regime próprio de previdência.

§ 2º - A percepção da bolsa-auxílio não configura relação empregatícia, ou vínculo estatutário, a qualquer título, do candidato com o Estado.

§ 3º - As regras de cada certame, bem como as do curso de formação profissional, inclusive o estabelecimento de prazos recursais, serão fixadas pela Academia Estadual de Polícia Silvio Terra, através de Edital previamente publicado.

(Nova redação dada pelo art. 1º da Lei 4020/2002).

Art. 15 – O candidato será submetido à Prova de Investigação Social que poderá estender-se até a homologação do concurso, considerando-se seus antecedentes criminais e sociais, bem como sua conduta no curso de formação profissional.

Art. 16 – Será considerado inabilitado e automaticamente excluído, em qualquer das fases do concurso, o candidato que, em qualquer prova, obtiver nota inferior ao mínimo fixado no competente instrumento convocatório do concurso.

Art. 17 – No concurso público para ingresso no Quadro Permanente da Polícia Civil, o candidato julgado inapto ou contraindicado, nos exames psicotécnico ou médico, nas provas de capacidade física ou de investigação social, será dele excluído.

Art. 18 – No concurso público para o cargo de Delegado de Polícia será eliminado o candidato que não obtiver um mínimo de 50 (cinquenta) pontos, per si, nas disciplinas de Direito Penal, Direito Processual Penal, Direito Administrativo, Direito Constitucional, Direito Civil e Medicina Legal.

(Nova redação dada pela Lei nº 4375/2004).

§ 1º - É obrigatória a participação de representantes da Ordem dos Advogados do Brasil em todas as fases do concurso.

(Nova redação dada pela Lei nº 4375/2004).

§ 2º - Para as demais categorias funcionais, nas quais se exija escolaridade de nível superior, será expedido convite às respectivas entidades fiscalizadoras do exercício profissional para a indicação de representante.

(Nova redação dada pela Lei nº 4375/2004).

§ 3º - Para as demais categorias funcionais, nas quais se exija escolaridade de nível de superior, será expedido convite aos respectivos conselhos fiscalizadores do exercício profissional para indicação de representante.

~~Art. 18-A Ficam reservadas aos policiais civis do Estado do Rio de Janeiro, que atendam a exigência do Inciso I do Art. 21, 20% (vinte por cento) das vagas oferecidas nos concursos públicos para provimento de cargo efetivo de Delegado de Polícia.~~

~~§1º A reserva de vagas será aplicada sempre que o número de vagas oferecidas no concurso público for igual ou superior a 3 (três).~~

~~§2º Se, na apuração do número de vagas reservadas, resultar número decimal igual ou maior do que 0,5 (meio), adotar-se-á o número inteiro imediatamente superior.~~

~~§ 3º A reserva de vagas prevista no caput do Art. 18-A constará expressamente no edital e **será destinada a policiais civis em atividade no ato da inscrição do concurso público**, devidamente comprovado pelo documento de inscrição nos quadros da Polícia Civil.~~

Obs.: O presente artigo foi declarado inconstitucional por unanimidade nos autos da Direta de Inconstitucionalidade número 0067901-53.2018.8.19.0000 no dia 19/03/2019, embora conste no site da Assembleia Legislativa do Estado do Rio de Janeiro – ALERJ que tal disposição esteja em vigor, até data de publicação desta obra. A seguir, íntegra do Acórdão:

Forçoso reconhecer que o Chefe do Poder Executivo melhor conhece as necessidades e possibilidades da Administração, cabendo a ele determinar o quantitativo de servidores necessário ao adequado funcionamento da máquina pública, restando evidenciada a violação ao princípio da separação de poderes, bem como a inconstitucionalidade formal da norma, por vício de iniciativa.

Vislumbra-se, ainda, a inconstitucionalidade material da norma, especialmente no que diz respeito à reserva de percentual das vagas destinadas ao cargo de delegado de polícia a policiais civis do Estado do Rio de Janeiro, verifica-se que tal medida não se compatibiliza com as chamadas ações afirmativas, estas que visam conferir vantagem a determinada categoria de indivíduos, a fim de garantir-lhes a igualdade material para com os demais, acabando, em realidade, por estabelecer privilégio infundado aos detentores do cargo de policial civil, estes que deveriam concorrer em igualdade de condições com os demais candidatos, sob pena de violação ao princípio da isonomia, e de afronta à independência entre as carreiras de delegado de polícia e de policial civil.

Isso porque, não se pode concluir que, sem que se verifique a existência de situação de desigualdade real para com os demais participantes do certame, mas tão somente pelo fato de ocupar o cargo público de policial civil, determinado indivíduo deverá fazer jus à obtenção de incentivo objetivo (reserva de vaga) para ingresso nos quadros da carreira de delegado de polícia, tampouco que eventual experiência adquirida no exercício do cargo de policial civil garanta melhor desempenho nas funções de delegado de polícia, podendo tal diferencial, se for o caso, contribuir para a atribuição de pontuação ao candidato em eventual prova de títulos.

A título comparativo, cabe mencionar precedente em que o Supremo Tribunal Federal legitimou ação afirmativa consistente em garantir a reserva de percentual das vagas dos concursos para provimento de cargos na Polícia Federal aos portadores de necessidades especiais, tendo o Pretório Excelso entendido que "os concursos públicos para os cargos de escrivão de Polícia Federal, perito criminal federal, delegado de Polícia Federal e agente de Polícia Federal são válidos, devendo neles ser observada a norma constitucional que exige a reserva de vagas para pessoas portadoras de necessidades especiais, que se submeterão ao evento seletivo em igualdade de condições aos demais concorrentes, apenas na cota que lhes seja reservada. Cumpre esclarecer, entretanto, como pleiteado pela União, que a banca examinadora responsável, conforme anunciado acima, respeitando critérios objetivos, poderá declarar a inaptidão de candidatos inscritos e cujas necessidades especiais os impossibilite do exercício das atribuições inerentes ao cargo para qual estiver concorrendo. À luz do princípio da proporcionalidade e da razoabilidade, a depender do cargo e das previsões legais, deverão ser asseguradas condições para que os candidatos portadores de necessidades especiais possam participar das provas e das etapas sugeridas no certame. Assim, as provas, as disciplinas (teóricas e práticas) e o curso de formação deverão guardar pertinência com o cargo para o qual o candidato concorre e a igualdade de oportunidade dos concorrentes, garantindo-se aos que reclamem necessidades especiais sejam-lhes assegurado reserva de vaga, desde que a ela possam aceder pelo atendimento de condições de exercício do cargo posto em concurso, de modo a impedir prejuízos na consecução dos fins buscados pela Administração ao convocar concurso público para provimento de cargos na Polícia Federal" (STF. RE 676335/MG, Rel. Ministra Cármen Lúcia).

Exsurge de todo o exposto, portanto, a inconstitucionalidade dos artigos 1º e 2º da lei estadual nº 7.729/2017.

Sabe-se que, em regra, as decisões de declaração de inconstitucionalidade além de possuírem eficácia orga omnes, produzem, em regra, efeitos retroativos (ex tunc), uma vez que prevalece na doutrina a concepção de que a norma inconstitucional traduz ato nulo de pleno direito.

No presente caso concreto, em que pese tenha o Ministério Público noticiado que o Governador do Estado do Rio de Janeiro teria autorizado, no expediente de 26/06/2018 nos autos do processo E-09/157/4538/2013, a realização de novo concurso para Delegado de Polícia Civil, com previsão inicial de 16 vagas, até a presente data se verificou a abertura de edital, motivo pelo qual, a norma em questão sequer chegou a ser aplicada. Inexiste, pois qualquer prejuízo no reconhecimento da sua inconstitucionalidade com efeitos ex tunc.

Isso posto, VOTO no sentido de acolher a presente Representação por Inconstitucionalidade, para DECLARAR, COM EFEITOS EX TUNC, A INCONSTITUCIONALIDADE dos artigos 1º e 2º da Lei Estadual no 7.729/2017, nos termos do pleito inicial.

Rio de Janeiro, na data da sessão de julgamento.

DES. SANDRA SANTARÉM CARDINALI – RELATORA

Incluído pela Lei 7729/2017.

Art. 18-B Torna obrigatória, nos concursos públicos para provimento de cargos efetivos vinculados à Secretaria da Polícia Civil e Secretaria da Polícia Militar, a inclusão nos certames da temática que verse sobre a **Lei** Maria da Penha, a **Lei** nº 11.340, de 7 de agosto de 2006, 'que cria mecanismos para coibir e prevenir a violência doméstica e familiar contra a mulher', sem prejuízo das demais disposições dos respectivos editais.

Incluído pela Lei 8407/2019.

Art. 19 – Serão nomeados para as vagas fixadas no edital os candidatos que forem habilitados em todas as fases do concurso público, observada a ordem de classificação.

§ 1º - Após a nomeação, os membros do Quadro Permanente da Polícia Civil do Estado do Rio de Janeiro serão submetidos a estágio probatório, que terá a duração de dois anos e seis meses.

§ 2º - A decisão sobre a confirmação no estágio probatório será expedida no **prazo máximo de seis meses após o seu encerramento.**

§ 3º - No caso de inobservância do prazo estabelecido no parágrafo anterior, será o servidor considerado confirmado na carreira.

§ 4º - O regulamento do estágio probatório será estabelecido através de Decreto do Poder Executivo;

§ 5º - **Os destinatários da presente Lei** não serão submetidos ao estágio experimental previsto no **Decreto nº 2.479, de 8 de março de 1979.**

Art. 20 – O ingresso na classe inicial das carreiras do Grupo II (Agentes de Polícia Estadual de Apoio Técnico-Científico) pressupõe a observância das exigências técnicas de cada especialidade, a serem definidas por ato do Secretário de Estado de Segurança Pública.

Seção II
Da Escolaridade

Art. 21 – Será exigido do candidato para ingresso na Polícia Civil possuir, quanto ao grau de escolaridade, comprovado por ocasião da posse:

(Nova redação dada pela Lei nº 4375/2004).

I – Delegado de Polícia – diploma de Bacharel em Direito, devidamente registrado;

II – Perito Legista – diploma de médico, odontólogo, farmacêutico ou bioquímico, devidamente registrado;

III – Perito Criminal – diploma de curso superior em engenharia, informática, farmácia, veterinária, biologia, física, química, economia, ciências contábeis ou agronomia, devidamente registrado;

IV – Engenheiro Policial de Telecomunicações – diploma de curso superior de engenharia, devidamente registrado, na especialidade inerente ao cargo;

V - Inspetor de Polícia – diploma de curso superior devidamente registrado;

(Nova redação dada pelo art. 3º da Lei 4020/2002).

VI - Oficial de Cartório Policial e Papiloscopista Policial – diploma de curso superior devidamente registrado.

(Nova redação dada pelo art. 3º da Lei 4020/2002).

VII – Piloto Policial- diploma de curso superior devidamente registrado e carta de piloto comercial expedida pela Agência Nacional Aviação Civil – ANAC;

(Nova redação dada pela Lei 7466/2016).

VIII – Investigador Policial – diploma de curso superior devidamente registrado;

(Nova redação dada pela Lei 7692/2017).

IX – Técnico Policial de Necropsia – diploma de ensino médio ou equivalente, devidamente registrado;

X – Auxiliar Policial de Necropsia – certificado de conclusão do ensino fundamental, ou equivalente, devidamente registrado.

§ 1º - No concurso público para ingresso na categoria funcional de inspetor de Polícia, quando exigíveis no candidato conhecimento teóricos especializados, será exigida, por ocasião da posse, também, habilitação, técnica inerente à especialidade, devidamente registrada.

(Nova redação dada pela Lei nº 4375/2004).

§ 2º - Para as classes funcionais referidas nos incisos V, VI e VIII serão ainda exigidos, na primeira fase do concurso público, conhecimentos básicos de microinformática, voltados para processadores de textos, bem como apresentação da carteira de habilitação de motorista, até a data prevista para a matrícula no Curso de Formação Profissional.

Capítulo IV
DA PROMOÇÃO

Seção I
Da Oportunidade e Critérios

Art. 22 – As promoções dos policiais civis serão realizadas, sempre, no dia 21 de abril, e no dia 29 de setembro, pelos critérios de antiguidade e merecimento, conforme se dispuser no Estatuto dos Policiais Civis e seu Regulamento, observada a existência de cargos vagos e na forma das linhas de progressão dispostas em Anexo desta **Lei**.

Seção II
Da Vacância e da Agregação

Art. 23 – Na hipótese de vacância de cargos acima de 10% (dez por cento) do efetivo de cada classe inicial ou classe singular, o Chefe de Polícia Civil proporá a realização do respectivo concurso público para o necessário provimento.

Art. 24 – A agregação no Quadro Permanente da Polícia Civil será de 3% (três por cento), nas classes finais e classes singulares, cujo efetivo fixado seja superior a 150 (cento e cinquenta) cargos.

Capítulo V
DA HABILITAÇÃO PROFISSIONAL

Art. 25 – O policial civil, além do Curso de Formação Profissional mencionado nesta **Lei** e outros eventualmente necessários ao regular desempenho de suas funções, sujeitar-se-á ainda aos seguintes:

(Nova redação dada pelo art. 4º da Lei 4020/2002).

I – Aperfeiçoamento profissional;
II – Especialização profissional;
III – Superior de polícia.

Parágrafo único - O curso referido no inciso III deste artigo é privativo para os integrantes da carreira de Delegado de Polícia.

Art. 26 – O acesso às vagas nos cursos referidos no artigo anterior se dará através de processo seletivo interno, de acordo com os critérios a serem fixados por ato do Secretário de Estado de Segurança Púbica.

Capítulo VI
DAS DISPOSIÇÕES GERAIS, TRANSITÓRIAS E FINAIS

Art. 27 – Dos atuais membros do quadro único da Polícia Civil do Estado do Rio de Janeiro que concorram à classe inferior à 3ª nas carreiras de Inspetor de Polícia e Oficial de Cartório Policial será exigida a frequência, com aproveitamento, em curso de atualização profissional, com vistas a suprir diferença de carga horária, como requisito para promoção da 4ª para a 3ª classe nas respectivas carreiras.

Art. 28 – O Poder Executivo, no prazo de 60 (sessenta) dias, encaminhará mensagem à Assembleia Legislativa, dispondo sobre o Quadro Auxiliar de Saúde da Polícia Civil, seus serviços, elenco de cargos, quantitativos, atribuições, vencimentos e vantagens de seus integrantes.

Parágrafo único – Os cargos de Medico Policial e Auxiliar de Enfermagem Policial considerar-se-ão extintos à medida que vagarem, assegurados, porém, a seus titulares, bem como aos Enfermeiros Policiais, todos os direitos e vantagens deles decorrentes.

Art. 29 – Os concursos públicos para provimento dos cargos policiais civis poderão ser realizados para atender, exclusivamente, as necessidades de uma ou mais regiões-programas, exigindo-se exercício mínimo de três anos na área respectiva.

Art. 30 – Falecido o policial civil, o Poder Executivo, até a conclusão do adequado procedimento, satisfará, através do orçamento da Polícia Civil, provisoriamente, a pensão dos respectivos beneficiários habilitados, ressarcindo-se, mediante repasse automático, do valor adiantado, junto ao RIOPREVIDÊNCIA, quando de sua implantação definitiva.

Art. 31 – VETADO.
Art. 32 – VETADO.

Art. 33 – São enquadrados, reparatoriamente, no cargo de Delegado de Polícia de 3º classe os atuais Detetives-Inspetores e Escrivães de Polícia de 1ª classe, Bacharéis em Direito que, até a data da promulgação da Constituição Federal de 1988, haviam completado o interstício previsto na **Lei** 699/83, cujos nomes constam na relação de aprovados em Curso de Formação Profissional específico, ministrado pela Academia de Polícia Silvio Terra, conforme D.O. do Estado do Rio de Janeiro de 25 de setembro de 1990.

Declarado Inconstitucional – Representação por Inconstitucionalidade 77/2001

Parágrafo único - Fica assegurado o direito de provimento ao cargo de Delegado de Policia de 3 classe, aos atuais ocupantes dos cargos de Detetive-Inspetor e Escrivão de Policia, bacharéis em Direito, e concluíram o curso especifico para o cargo de Delegado de Policia de 3 classe, ministrado pela academia de Policia Silvio Terra (Res. SEPC nº 342 de 26/01/90), que obtiveram nas provas finais do curso, notas pela media aritmética, conforme novo entendimento do Decreto nº 15.554/90, que e igual ou superior a 50 (cinquenta) pontos, independente do interstício.

Declarado Inconstitucional – Representação por Inconstitucionalidade 77/2001

Vetos rejeitados pela ALERJ. Publicado no D.O. parte I de 25/09/2001

Art. 34 – VETADO.

Art. 35 – O papiloscopista policial é o único responsável pelos laudos provenientes da sua atividade funcional.

Art. 36 – As disposições desta **Lei** se estendem aos inativos.

Art. 37 – O Poder Executivo baixará as normas complementares necessárias à plena execução desta **Lei**.

Art. 38 – As despesas decorrentes da presente **Lei** correrão à conta das dotações orçamentárias próprias.

Art. 39 – Esta **Lei** entra em vigor na data de sua publicação, revogada a Lei nº 2.990, de 23 de junho de 1998.

Rio de Janeiro, 21 de junho de 2001.

ANTHONY GAROTINHO
Governador

Substitutivo da Comissão de Constituição e Justiça
Autor: Poder Executivo
Mensagem 26/2001

ANEXO I

Anexo I da **Lei** n° 3.586, de 21 de junho de 2001.
QUANTITATIVOS DE CARGOS

(Nova redação dada pela Lei 7729/2017)

CATEGORIA FUNCIONAL	CLASSES	QUANTITATIVO
Delegado de Polícia	1ª	210
Delegado de Polícia	2ª	310
Delegado de Polícia	3ª	351
Perito Legista	1ª	100
Perito Legista	2ª	150
Perito Legista	3ª	250
Perito Criminal	1ª	100
Perito Criminal	2ª	150
Perito Criminal	3ª	285
Eng. Pol. Telecomunicações	sing.	10
Piloto Policial	sinq.	20
Inspetor de Polícia	Comissário de Polícia	900
Inspetor de Polícia	2ª	1100
Inspetor de Polícia	3ª	1600
Inspetor de Polícia	4ª	2100
Inspetor de Polícia	5ª	2500
Inspetor de Polícia	6ª	3800
Oficial de Cartório Policial	Comissário de Polícia	300
Oficial de Cartório Policial	2ª	400
Oficial de Cartório Policial	3ª	600
Oficial de Cartório Policial	4ª	700
Oficial de Cartório Policial	5ª	1000
Oficial de Cartório Policial	6ª	1500

Lei nº 3586, de 21 de Junho de 2001.

CATEGORIA FUNCIONAL	CLASSES	QUANTITATIVO
Papiloscopista Policial	1ª	150
Papiloscopista Policial	2ª	200
Papiloscopista Policial	3ª	350
Investigador de Polícia	1ª	500
Investigador de Polícia	2ª	1000
Investigador de Polícia	3ª	2000
Técnico Policial de Necropsia	1ª	50
Técnico Policial de Necropsia	2ª	80
Técnico Policial de Necropsia	3ª	130
Auxiliar Policial de Necropsia	1ª	50
Auxiliar Policial de Necropsia	2ª	80
Auxiliar Policial de Necropsia	3ª	100

ANEXO II

CATEGORIA FUNCIONAL

CATEGORIA FUNCIONAL	CLASSES	CARGOS CONCORRENTES	CLASSES
Delegado de Polícia	1ª	Delegado de Polícia	1ª
	2ª	Delegado de Polícia	2ª
	3ª	Delegado de Polícia	3ª
Perito Legista	1ª	Perito Legista	1ª
	2ª	Perito Legista	2ª
	3ª	Perito Legista	3ª
Perito Criminal	1ª	Perito Criminal	1ª
	2ª	Perito Criminal	2ª
	3ª	Perito Criminal	3ª
		Perito Criminal Auxiliar	sing.
Engº Pol. Telecomunicações	sing.	Engº Pol. Telecomunicações	sing.
Piloto Policial	sing.	Piloto Policial	sing.
Inspetor de Polícia	1ª Comissário de Polícia*	Detetive-Inspetor	1ª
	2ª	Detetive-Inspetor	2ª
	3ª	Detetive-Inspetor	3ª
	4ª	Detetive, Téc. Pol. Telecomunicações, Téc. Policial de Laboratório	1ª
	5ª	Detetive, Téc. Pol. Telecomunicações, Téc. Policial de Laboratório	2ª
	6ª	Detetive, Téc. Pol. Telecomunicações, Téc. Policial de Laboratório	3ª

CATEGORIA FUNCIONAL	CLASSES	CARGOS CONCORRENTES	CLASSES
Oficial de Cartório Policial	4ª Comissário de Polícia*	Escrivão de Polícia	1ª
	2ª	Escrivão de Polícia	2ª
	3ª	Escrivão de Polícia	3ª
	4ª	Escrevente	1ª
	5ª	Escrevente	2ª
	6ª	Escrevente	3ª
Papiloscopista Policial	1ª	Papiloscopista	1ª
	2ª	Papiloscopista	2ª
	3ª	Papiloscopista	3ª
Investigador Policial	1ª	Op. Pol. Telecomunicações, Motorista Policial e Fotógrafo Policial	1ª
	2ª	Op. Pol. Telecomunicações, Motorista Policial e Fotógrafo Policial	2ª
	3ª	Op. Pol. Telecomunicações, Motorista Policial e Fotógrafo Policial.	3ª
		Carcereiro Policial	Sing.
Técnico Policial de Necropsia	1ª	Técnico de Necropsia	1ª
Técnico Policial de Necropsia	2ª	Técnico de Necropsia	2ª
Técnico Policial de Necropsia	3ª	Técnico de Necropsia	3ª
Auxiliar Policial de Necropsia	1ª	Auxiliar de Necropsia	1ª
Auxiliar Policial de Necropsia	2ª	Auxiliar de Necropsia	2ª
Auxiliar Policial de Necropsia	3ª	Auxiliar de Necropsia	3ª

Nova denominação dada pela Lei nº 4368/2004

ANEXO III

QUADRO DE PROMOÇÃO

CATEGORIA FUNCIONAL	CLASSES	PROMOÇÃO	CLASSES
Delegado de Polícia	1ª	-	-
Delegado de Polícia	2ª	Delegado de Polícia	1ª
Delegado de Polícia	3ª	Delegado de Polícia	2ª
Perito Legista	1ª	-	-
Perito Legista	2ª	Perito Legista	1ª
Perito Legista	3ª	Perito Legista	2ª
Perito Criminal	1ª	-	-
Perito Criminal	2ª	Perito Criminal	1ª
Perito Criminal	3ª	Perito Criminal	2ª
Inspetor de Polícia	~~1ª~~ Comissário de Polícia*	-	-
Inspetor de Polícia	2ª	Inspetor de Polícia	~~1ª~~ Comissário de Polícia*
Inspetor de Polícia	3ª	Inspetor de Polícia	2ª
Inspetor de Polícia	4ª	Inspetor de Polícia	3ª
Inspetor de Polícia	5ª	Inspetor de Polícia	4ª
Inspetor de Polícia	6ª	Inspetor de Polícia	5ª
Oficial de Cartório Policial	~~1ª~~ Comissário de Polícia*	-	-
Oficial de Cartório Policial	2ª	Oficial de Cartório Policial	~~1ª~~ Comissário de Polícia*
Oficial de Cartório Policial	3ª	Oficial de Cartório Policial	2ª
Oficial de Cartório Policial	4ª	Oficial de Cartório Policial	3ª

CATEGORIA FUNCIONAL	CLASSES	PROMOÇÃO	CLASSES
Oficial de Cartório Policial	5ª	Oficial de Cartório Policial	4ª
Oficial de Cartório Policial	6ª	Oficial de Cartório Policial	5ª
Papiloscopista Policial	1ª	-	-
Papiloscopista Policial	2ª	Papiloscopista Policial	1ª
Papiloscopista Policial	3ª	Papiloscopista Policial	2ª
Investigador Policial	1ª	-	-
Investigador Policial	2ª	Investigador Policial	1ª
Investigador Policial	3ª	Investigador Policial	2ª
Técnico Policial de Necropsia	1ª	-	-
Técnico Policial de Necropsia	2ª	Técnico Policial de Necropsia	1ª
Técnico Policial de Necropsia	3ª	Técnico Policial de Necropsia	2ª
Auxiliar Policial de Necropsia	1ª	-	-
Auxiliar Policial de Necropsia	2ª	Auxiliar Policial de Necropsia	1ª
Auxiliar Policial de Necropsia	3ª	Auxiliar Policial de Necropsia	2ª

*Nova denominação dada pela Lei nº 4368/2004

ANEXO IV

ESCALONAMENTO VERTICAL

CARGOS	CLASSES	ÍNDICES
Perito Legista e Perito Criminal	1ª	1.250
Perito Legista e Perito Criminal	2ª	1.100
Perito Legista e Perito Criminal	3ª	1.000
Engº Pol. Telecomunicações	sing.	1.250
Piloto Policial	sing.	1.250
Papiloscopista Policial	1ª	1000
Papiloscopista Policial	2ª	880
Papiloscopista Policial	3ª	830
Inspetor de Polícia e Oficial de Cartório Policial	~~1ª~~ Comissário de Polícia*	1000
Inspetor de Polícia e Oficial de Cartório Policial	2ª	880
Inspetor de Polícia e Oficial de Cartório Policial	3ª	830
Inspetor de Polícia e Oficial de Cartório Policial	4ª	750
Inspetor de Polícia e Oficial de Cartório Policial	5ª	730
Inspetor de Polícia e Oficial de Cartório Policial	6ª	710
Investigador Policial	1ª	780
Investigador Policial	2ª	730
Investigador Policial	3ª	710

Técnico Policial de Necropsia	1ª	780
Técnico Policial de Necropsia	2ª	700
Técnico Policial de Necropsia	3ª	650
Auxiliar Policial de Necropsia	1ª	630
Auxiliar Policial de Necropsia	2ª	580
Auxiliar Policial de Necropsia	3ª	550

****Nova denominação dada pela Lei nº 4368/2004***

ANEXO V*

CARGOS DO QUADRO PERMANENTE DA POLÍCIA CIVIL

ATRIBUIÇÕES GENÉRICAS

DELEGADO DE POLÍCIA

- zelar pela segurança do Estado e de sua população;
- concorrer para a manutenção da ordem pública;
- assegurar a observância da **lei**;
- defender as instituições públicas;
- promover a prevenção, a apuração e a repressão das infrações penais;
- assegurar o exercício pleno da cidadania e das liberdades individuais;
- exercer atividades de nível superior, compreendendo supervisão, planejamento, coordenação e controle, no mais alto nível de hierarquia da Administração Policial do Estado;
- exercer atividades de pesquisa, orientação e organização de trabalhos técnicos relacionados com segurança, investigação e operações policiais;
- exercer atividades de comando, coordenação e controle de programas, planos, projetos e realizações, assessoramento e auditagem;
- exercer atividades de direção e chefia nos vários escalões da estrutura organizacional da Polícia Civil;
- exercer atividades de direção de Divisões, Delegacias Especializadas e Policiais, de conformidade com a escala hierárquica, instauração e presidência de todos os procedimentos de Polícia Judiciária;
- e outras atividades que forem definidas por **lei** ou regulamento.

PERITO LEGISTA

- exercer atividades de nível superior e envolvendo supervisão, planejamento, coordenação, controle, orientação e execução de perícias médico-legais, no vivo e no morto e exames decorrentes, bem como estabelecimento de novos métodos, técnicas e procedimentos de trabalho, em qualquer órgão da Polícia Civil, compatível com as suas atribuições.

PERITO CRIMINAL

- exercer atividades de nível superior, envolvendo supervisão, planejamento, estudos, coordenação, controle, orientação e execução de perícias criminais em geral, observadas as respectivas especialidades, bem como o estabelecimento de novas técnicas e procedimentos de trabalho, em qualquer órgão da Polícia Civil, compatível com suas atribuições.

PAPILOSCOPISTA POLICIAL

- exercer atividades de nível médio, envolvendo supervisão, orientação, revisão e execução especializada de trabalhos papiloscópicos, relativos à tomada de impressões papilares, coleta, análise, classificação, pesquisas e arquivamento de informações e, ainda, estudos e pesquisas, objetivando o aprimoramento do sistema, em qualquer órgão da polícia civil, compatível com suas atribuições;
- dirigir viaturas policiais, quando a situação o exigir, em qualquer órgão da Polícia Civil, compatível com suas atribuições;
- exercer outras atividades que forem definidas por **lei** ou outro ato normativo.

ENGENHEIRO POLICIAL DE TELECOMUNICAÇÕES

- exercer atividades de nível superior, envolvendo supervisão, planejamento, estudos, controle, orientação e execução de projetos de instalação e manutenção de equipamentos de sistemas eletrônicos ou redes de telecomunicações no âmbito da Polícia Civil.

PILOTO POLICIAL

- exercer atividades de natureza técnica, compreendendo a execução de trabalhos relacionados com o transporte aéreo, com o cumprimento das normas de navegação e segurança preconizadas pelo DAC e verificação das normas reguladoras de manutenção de aeronaves;
- controlar todo o sistema de comunicação a bordo e julgar quanto ao emprego da aeronave, tendo em vista as condições meteorológicas;
- apoiar os serviços policiais em todo o Estado, subsidiando as investigações e operações policiais, com vistas à apuração de atos e fatos delituosos;
- e outras atividades que forem definidas por **lei** ou regulamento.

INSPETOR DE POLÍCIA

- exercer atividades, envolvendo supervisão, coordenação, orientação e controle chefias de policiais civis, bem como assistência às autoridades superiores em assuntos técnicos especializados e fiscalização de trabalhos de segurança, investigações e operações policiais;
- exercer a segurança de autoridades, de bens e de serviços ou de áreas de interesse da segurança interna, bem assim investigações e operações policiais, com vistas à apuração de atos e fatos que caracterizam infrações penais;
- exercer, quando exigidas a especialidade e habilitação profissionais, atividades de natureza repetitiva, compreendendo a execução qualificada, sob supervisão e orientação superior, dos trabalhos laboratoriais, relativos a

determinações, dosagens e análises em geral, com vistas à investigação policial, operar radiografias em vivo e em cadáver, para localização de projéteis de arma de fogo ou outros, bem como técnicas histológicas e hematológicas;
- zelar, quando incumbido de sua guarda, pelo instrumento técnico e científico dos laboratórios de perícias, encarregando-se de sua preparação para exame em geral, limpeza e conservação;
- exercer, ainda, quando exigidas, no concurso público, a especialidade e habilitação profissionais, atividades de natureza técnica, envolvendo supervisão, orientação e execução de serviços em oficinas ou unidades policiais relacionadas com a função, bem assim a revisão de trabalho de equipes de funcionários de categoria igual ou inferior, além de outras relativas às áreas de informática e de telecomunicações policiais;
- dirigir viaturas policiais, quando a situação o exigir, em qualquer órgão da Polícia Civil, compatível com suas funções;
- exercer, quando ocupante da classe Comissário de Polícia, além da assistência às autoridades superiores em assuntos técnicos especializados e fiscalização de trabalhos de segurança, investigações e operações policiais, segurança de autoridades, bens, serviços e de áreas de interesse da segurança pública, investigações e operações policiais, com vistas à apuração de atos e fatos que caracterizam infrações penais, também, a supervisão, coordenação, orientação e o controle de chefias de equipes de policiais civis hierarquicamente subordinados;
exercer outras atividades que forem definidas por **lei** ou outro ato normativo.

**Nova redação dada pela Lei nº 4368/2004*

OFICIAL DE CARTÓRIO POLICIAL*

- exercer atividades envolvendo supervisão, coordenação, orientação, controle e chefia de equipes de Oficiais de Cartório Policial, bem como a assistência às autoridades superiores em assuntos técnicos especializados relacionados ao cumprimento das formalidades legais necessárias em procedimentos de polícia judiciária e demais serviços cartorários, em qualquer órgão da Polícia Civil, compatível com suas atribuições;
- exercer atividades, com autonomia ou sob supervisão e orientação diretas, de trabalhos administrativos que envolvam a aplicação de técnicas de pessoal, material, orçamento, organização e métodos;
- executar trabalhos de escrituração manual, em equipamento mecanográfico, elétrico ou eletrônico em auxílio aos procedimentos administrativos e de polícia judiciária, e outros encargos, em qualquer órgão da Polícia Civil, compatível com suas funções;
- dirigir viaturas policiais, quando a situação o exigir, em qualquer órgão da Polícia Civil, compatível com suas funções;

- exercer, quando ocupante da classe Comissário de Polícia, além da assistência às autoridades superiores em assuntos técnicos especializados e fiscalização de trabalhos de segurança, investigações e operações policiais, segurança de autoridades, bens, serviços e de áreas de interesse da segurança pública, investigações e operações policiais, com vistas à apuração de atos e fatos que caracterizam infrações penais, também, a supervisão, coordenação, orientação e o controle de chefias de equipes de policiais civis hierarquicamente subordinados;
- exercer outras atividades que forem definidas por **Lei** ou outro ato normativo.

Nova redação dada pela Lei nº 4368/2004

INVESTIGADOR POLICIAL

- exercer, com autonomia ou sob supervisão, coordenação e orientação superior, atividades de natureza qualificada, compreendendo a execução de trabalhos relacionados ao transporte de autoridades, garantindo-lhes a segurança, a condução de viaturas policiais, ostensivas ou não, a conservação de veículos sob sua responsabilidade, em qualquer órgão da Polícia Civil, bem como, inclusive as emanadas de Oficiais de Cartório Policial e Inspetores de Polícia, investigações e operações policiais, com vistas à prevenção e à apuração de condutas que caracterizem ilícitos penais;
- executar, quando exigidas a especialidade e habilitação profissional, atividades envolvendo operações em diversos aparelhos de telecomunicações integrantes do sistema de telecomunicações de segurança, zelando por sua limpeza e conservação;
- executar, quando exigidas a especialidade e/ou habilitação profissional atividades de orientação e execução de trabalhos relacionados à produção de fotografias, inclusive reproduções e ampliações, em locais de infrações penais, onde quer que se faça necessário o emprego da técnica fotográfica na investigação policial;
- exercer atividades relacionadas à custódia temporária, à escolta e à conduta de pessoas presas nas carceragens e xadrezes policiais;
- registrar a existência de bens e valores de pessoa recolhidas em unidades policiais;
- zelar pela higiene, conservação e segurança das instalações carcerárias e xadrezes, preservando a integridade física e a segurança de pessoas recolhidas às suas dependências;
- promover permanentes inspeções nas instalações carcerárias e xadrezes policiais;
- providenciar a distribuição da alimentação e. sempre que necessário, solicitar à autoridade policial à assistência jurídica, médica e familiar dos presos;

- fiscalizar as visitas de pessoas presas quando autorizadas pelas autoridades competentes, impedindo que objetos, aparelhos ou quaisquer instrumentos não permitidos possam ser introduzidos nas dependências destinadas ao recolhimento provisório de presos;
- dirigir viaturas policiais, em qualquer órgão da Polícia Civil, compatível com suas funções;
- exercer outras atividades que forem definidas por **lei** ou outro ato normativo.

TÉCNICO POLICIAL DE NECROPSIA

- exercer atividades de natureza repetitiva relativa à execução de trabalhos operacionais-complementares, na área de anatomopatologia, abrangendo a realização de necropsia e dissecação de cadáveres, sob supervisão direta de Peritos Policiais, bem assim conservação do material técnico, em qualquer órgão da Polícia Civil, compatível com suas atribuições;
- exercer outras atividades que forem definidas por **lei** ou outro ato normativo.

AUXILIAR POLICIAL DE NECROPSIA

- exercer atividades de natureza repetitiva relacionada à remoção, lavagem e asseio de cadáveres, limpeza e conservação de necrotérios, em qualquer órgão da Polícia Civil, compatível com suas atribuições;
- exercer outras atividades que forem definidas por **lei** ou outro ato normativo.